へ ようこそ

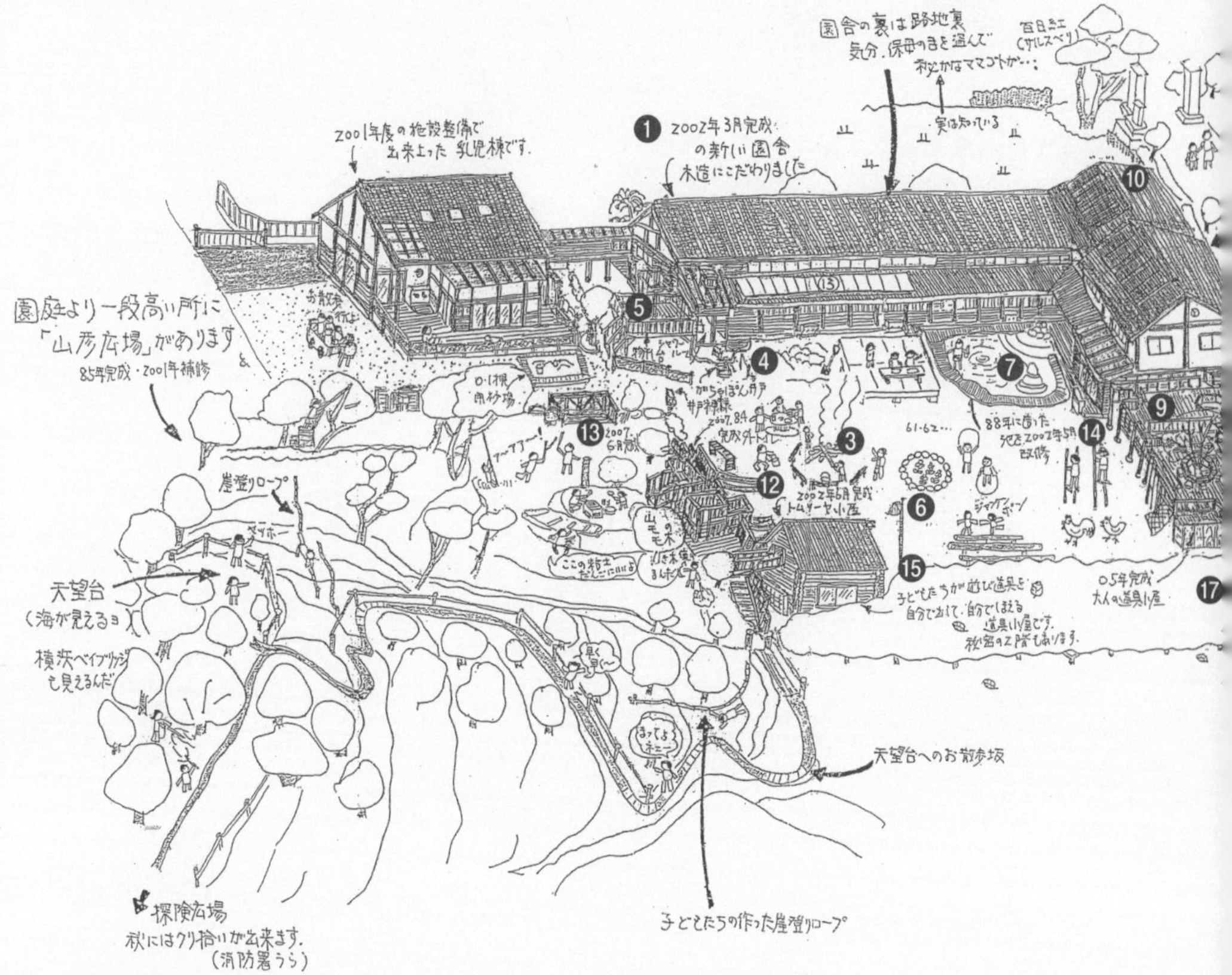

和光保育園概要（2015. 4. 1現在）

【開園時間】 7：00〜19：00

【対象年齢】 51日〜就学前児
（51〜57日は親子で園になじむ保育期間）

【定員】 90名

【クラス名と職員構成】

年齢	クラス名	子ども	担任	付　記
0歳児	くだもの組	3	3	
1歳児	やさい組	5		
2歳児	みみず組	17	3	
3歳児	こうじ組	23	3	午前中の副園長含
4歳児	ほし組	25	3	要特別支援1
5歳児	すな組	31	2	

巻頭イラストマップの番号説明

❶2002年３月。45年ぶりにリニューアルされた新園舎。木造でしっくいの白壁と深みのあるこげ茶色の木の外壁、柱の建物にこだわったおかげで、あったかくて落ち着ける空間が生まれました。

❷わこう農園＝子どもたちが自分で育てた野菜はおいしいから不思議。

❸和光の冬はたき火のある風景。火の上に鉄板のせたり、釜をのせて調理もする。

❹砂場＝どこまでが砂場かわからないけれど、夏になるとお父さんが「おれの出番！」とやってきて、プールに変身させる。

❺保育園って洗濯いっぱいするけれど、専用の物干し台がないのは不思議。そこで「おやじの会」に頼んで造ってもらったのがこの子ども用の物干し台。同時にガチャポン井戸も復活させました。

❻春に新入園児を花いっぱいで迎えた花壇も、秋にはなくなって運動会ができる広場になります。そしてまた春を迎える頃になると、作る花壇です。

❼これまたお父さんパワーで造った『ジャブジャブ池』。園舎の改修で新しくなり、おやじの会に波打ち際のイメージでデッキを張ってもらいました。

❽秋に開く『わこう村大バザール』での収益金を貯めて建てたのがこの八角形の『わいがや亭』。子ども服のリサイクルコーナーとコーヒーが飲めるカウンターがある、大人のためのサロンです。地域子育て支援センター「もう一つのお家」もここで活動しています。

❾家の中と外をつなぐ縁側があるなら、１階と２階をつなぐ縁側も必要だと、施設整備の折に造ってもらったオープンデッキの『青空広場』。網のぼりや竹のぼりがあったり、基地になったりお家になったり。大人たちには２階の専用玄関に通じるアプローチの役割と、元気に遊ぶ子どもたちを目の当たりにできる展望広場に。木陰でダベリングもできます。

❿2004年度の事業で取り付けた太陽光発電（５kw）と風力発電（50w）設備。太陽光は和光の電力消費の16%を、風力は園庭通用口を日没から21時まで照らします。太陽と風の恵みを子どもたちに伝えています。

⓫2006年３月完成の「富士見やぐら」。東京湾越しに見える富士山の向こうに沈む夕日を子どもたちに見せたいと、周りの木を人海戦術で伐採した。

⓬2007年８月に滑り台、屋上展望台つき砦風「外トイレ」が完成。土手を掘りこんで中にトイレを造り、埋め戻して造った滑り台です。

⓭2007年２月に外トイレプロジェクトで同時に着工の手作り太陽熱温水器。貯湯槽を乳児棟の砂場の前に埋設したので、その上に展望のデッキを造る。

⓮雨水の有効利用をと、おやじの会でドラム缶３本に蛇口をつけた天水桶を設置。

⓯2010年２月、炊事を生活の中へと、薪で煮炊きする「かまど」を外に造る。

⓰2010年12月、おやじの会で「わこう窯」の薪をしまう小屋を新設。2011年１月、「わこう窯」改修。

⓱2011年10月、ソニー幼児教育支援プログラム「最優秀園」受賞副賞金を原資に、「親子文庫」をおやじの会に手伝ってもらって建て替え。

子どもに学んだ
和光の保育

葛藤編

響きあういのちの躍動

鈴木秀弘＋和光保育園職員
森眞理

ひとなる書房

●プロローグ

数年前のことですが、印象に残っているエピソードがあります。

年長女児のなおみは、こぼれた牛乳に肌が触れるだけで、炎症が起きてしまうほどの重いアレルギー体質で、家庭と綿密に情報交換をしながら、保育園の食事にストレスのない環境を用意してきました。

この年の年長児が、園庭で穴掘りを始めました。毎日夢中になって掘り進め、子どもたちがすっぽり入るくらいです。小さい子が落ちたらたいへんだからと、作業を中断する時は厚手のベニヤ板でフタをしたりして、続けていたのですが、どんどん穴が大きくなる中で、ひょっとしてこのまま掘ったらアメリカまで行けるのではと思い始めました。ある日穴がポカリと開いて、向こうからアメリカ人が顔を出したら、あいさつはどうすればいいの？　そんなことが話題になった時は、真剣に英会話の本を買いたいと親に頼んだ子がいたほどです。穴が深くなってアメリカ行きが真実味を帯びてくると、今度はその深い穴からの帰り方も心配になって、運動が苦手で竹登りに寄りつかなかった子まで練習するようになりました。

ところが、実際ボストンから帰ってきた子がいて、ものすごく長い時間飛行機に乗っていたことや、親の仕事に付いてバリに行った子が、七時間もかかった話をしてくれて、アメリカの遠さを地図で確かめたのでした。また、図鑑で調べた地球の底には、マグマがあって通れないことも次第に分かってくるのです。

　春から始めて夏に中断したのですが、秋になって再燃したのが、あきらめきれないアメリカ行きでした。アメリカにみんなで行きたい。高まるみんなの想いに、悩んだのがなおみでした。なおみの心配は食事のこと。自分が食べられるものがないのではないか（三・一一の大地震では、避難所で配られる食事の様子をニュースで観ても、一番心配だったのはそのことでした）。だからアメリカには行けない。でもみんなにそれを言ったらがっかりするのではないか。悩んでかけたのは国際電話。中国に単身赴任しているお父さんに相談したのです（なぜアメリカに行きたいと思うようになったかの経過は、お母さんを通じてお父さんにもつどつど伝わっていました）。お父さんは、悩みながらもみんなには話さなければならないと思っているなおみの気持ちを、丁寧に聞いてくれて後押ししてくれたのでした。そして翌日のこと、なおみは思い切って、アメリカに一緒に行けないことをみんなに話すのです。ところがなんと、「なおみの分まで五段重ね、六段重ねのお弁当を持っていくから一緒に行こう」とみんなが言ってくれたのでした。その翌日、お母さんから、「なおみは家に帰ってから『みんなに話してよかった』と涙をこぼしながら報告してくれた」ことを聞きました。普段からなおみのことをみんなが分かり、共に生活してきたことが力となって育っていたのでした。

さて、この年の年長児が昨年同期会をすることになったそうです。

しかし、ちょうど同期会の当日がアレルギー体質改善の厳しい治療の日と重なってしまうことが分かり、お母さんが「どうする？　治療の日程をずらそうか？」とたずねると、「残念だけど一〇年後、二十歳の同期会には、みんなとお酒を飲んで、同じ食事を食べたいから、今回は治療する」と言ったそうです。

生きようとする力の源

この、「穴を掘ってアメリカまで行こう！」の物語の発端は何人かの男の子が、突然園庭に穴を掘り出したことです。

子どもたちは生まれながらにして好奇心・探究心のかたまりです。それは、生命《いのち》が生きるために必要な力として、根源的にもっているものと推測できます。好奇心や探究心から始まるワクワクドキドキする活動は、「想像力」や「憧れ」の高まりとともに、「遊びをもっと面白くしよう」としたり、「もっと知りたい、できるようになりたい」と要求を高めたり、さらには、「よりよく生きたい、成長したい」という自己実現の要求にもつながっているのではないかと思います。こう考えると、子どもの生命が主体をもって輝くことを支えるということは、生命が生きようとすることを守ることであり、それがその子の人権を守ることなのだということにたどり着きます。

和光保育園では、大人たちが子どもの中からわき立つ好奇心や探究心に関心を向けて、子どもが求めていることを感じとり（子どもに学び）、ともに求めていく（子どもと共に生きる）こと、そして、感動を分かち合える関係をつくりだしていくこと（子どもと響き合う）を、乳児期からの保育の基本にすえてきています。子どもの生きる力、育とうとしている力、学ぼうとしている力を信頼したいということです。

三三年かけてそうした保育にたどり着くまでの試行錯誤と、今の時代に保育が、保育園が果たすべきこと、そして、明日の保育園の可能性については、『子どもに学んだ和光の保育・希望編　育ちあいの場づくり論』に詳しく書きました。

本書の第1章では、そのように「子どもが主人公になる保育」を求めていく中で、子どもたちはどのような育ちの姿を見せてくれるようになったか、「わこう鉄研究所」に取り組んだ年長児の物語を通して紹介します。

大人たちの葛藤

子どもたちの好奇心・探究心は、時に大人からすると困った行動やいたずらに見えることもあります。危険がともなう時もあります。あるいは、「子どものため」を大義名分にして、大人が一方的に決めた価値観や理屈を立てて、「この時期の子どもたちにはこうしたことを身につけさせたい、分からせたい」という、大人たちの願いにそって子どもが動いてくれることに教育的な意義を見出すこともあります。逆に、「子どもを主体に」とするあまり、その時に求められている適切な支えの手立てがとれずに、子どもも大人も出口を見出せずに、結果として子どもを困らせることもあります。

先輩たちが創りあげてきた大切にしたい保育の理念とカリキュラムがあって、頭では「そうだ」と了解しても、それだけでは実際の保育は進みません。毎年子どもは変わりますし、大人たちも新しい仲間が増えていきます。子どもとの新しい出会いの中で、その子に学び、その子と生きる保育の実際を、日々葛藤しながら我がものとしていくには時間が必要です。

本書の第2章は、主として若手の保育者たちによる「子どもが主人公」を支える大人たちの「葛藤と気づき」の記録です。

＊

第3章では、子どもの育ちの物語と、大人たちの関わり合いについて考えてみました。具体的なある子どもの姿に向き合った時、先輩と若手（だけではないですが）とでは、その時の思いと手立てはそれぞれ違うことがあります。違いがありながらも物事がよい方向で動き出す時とは、どういう時なのか？　関わる大人の数だけ物語が紡がれているということに改めて気づかされ、大人同士の関係のあり方（同僚性）を考え直すきっかけになりました。

＊

第4章は、この間ずっと、私たちの取り組みに注目していただき、伴走者としてエールとアドバイスをおくってくれている保育研究者の森眞理先生が「和光の保育に触発されて考えたこと」を書かれています。先進的な世界の保育思潮と私たちの営みが同調していることに、励まされます。

私たちは本書に取り組むにあたって、失敗やいたらなさも含めてなるべくありのままの今の姿を出し合い、率直に検討し合うことで、自分たちの保育を確かめ合う機会にしたいと思いました。
子どもたちの幸せに想いを馳せ、子どもとともに楽しくもあり苦しくもある正解のない道を歩んでいる保育者の方々、それを支えている多くの方々とこの本を通して交流できることを願ってやみません。

執筆者を代表して　鈴木秀弘

＊文中の人名表記について。了承を得て子ども・大人ともに実名で登場していただきました。また、保育士・職員は「大人」と表記し、固有名詞は園内で通常呼び合っている通りに「○○さん」としました。（名字ではなく名前で呼ぶことが多い。自分より年下の人には「○○ちゃん」と呼ぶ場合はあるが、文中では「○○さん」に統一してある。）

もくじ　●子どもに学んだ和光の保育・葛藤編　響きあういのちの躍動

いぇ～い！　この記念撮影の種明かしは本章最後に…

1章

いのちの躍動
花開く子どもたちの学びの物語

「わこう鉄研究所」の実践を通して考える

●主な登場人物

年長とざん組二一人（男児一二人、女児九人）の子どもたち

秀さん〈子どもからは「ひで君」〉（鈴木秀弘、当時五歳児担任、現在副園長）

由美子さん（百石由美子、五歳児担任、当時保育歴一二年）

大野兼正さん　岐阜県在住の刀鍛冶師

〈記録者〉鈴木秀弘

はじめに

例年秋の運動会が終わった頃に、和光保育園年長児の「もっと知りたいことを調べに行く遠足」があります。必要なら広く県外にも足を延ばして探究に出かけるようになって二〇年ぐらいになります。これは、五歳児もこの時期になると、仲間との関係を調整したり、仲間と共通の目的をもって協働してやりぬく力が、一人ひとりに身に付いてきて、一緒にやれた、一緒だからやれたと、仲間の存在を支えにしながらも、自分ができる責任を仲間のために引き受けることもできるようになるからです。

年長後半に際立ってくるこうした力は、卒園までの半年でさらに大きく育っていきますが、その力につながる力は、0歳の乳児から経験として貯め込んできた、〈私〉という存在が周りから受け止められ、認められ、見守られて、〈私〉は今の〈私〉のままで、ここにいていい〈私〉（存在感・所属感）をたっぷり味わい育つことだと思います。

一〇月以降卒園までの保育は、こうやって、一人ひとりの気づきや表現から始まる物語を縒（よ）り合わせて、大きな物語を生活の中で紡いでいくのですが、「学びの意欲」を育むことを意識した取り組みは、年長児の保育を営む大きな視点の一つになっています。

次に紹介するのはある年の年長「とざん組」が、一〇月～三月までの半年にわたって学び続けた「わこう鉄研究所」の取り組みです。

（1）火熾《おこ》しから砂鉄との出会いの物語

この木で火を熾したい　10月14日

るうく「ねぇ、せんぷうき貸して」
秀弘　「何で？」
ひかる「このあなに棒をいれてこすって火をおこしたいの」
るうく「（あなの）中がしめってるから乾かしたいんだ」

台風が通り過ぎた一〇月のある日、髄《ずい》が抜けて穴のあいた木と、その穴にピッタリ入る細い枝を持って私（鈴木秀弘）のところにやってきました。二人は〝いいもの見つけた〟というような表情で少し興奮気味に私に話しかけてきます。

確かに髄の抜けた穴は湿っています。私は、二人がそれを扇風機の風で乾かそうとしていることに興味がわきました。

何かおもしろいことをたくらんでワクワクしてるみたいだな。どうなるか、力になってあげてみよう。

……………

秀弘　「なるほど～、でも扇風機もうしまっちゃったんだよ、うちわならすぐ出せるけど、それでもいい？」

二人　「いいよ」

二人にうちわを渡すと、さっそくうちわであおいでは、穴の中に棒を入れてこすってみるのですが、何回くり返しても何も起こりません。

ひかる「いいことかんがえた」（穴の中に乾いた白砂を入れ始める）

秀弘　「何やってるの？」

ひかる「おだんごをつくるとき、白すなをかけると乾くからやってるの」

白砂を入れては出しを何度もくり返し、そして穴に枝を入れて何度もこすりますが、火が熾る気配はありません。そこに、幸枝さん（フリー保育士）が通りかかりました。

幸枝　「困ってるのなら文庫に行ってみたら？」

二人　「そっか！」

二人は文庫（園内にある小さな図書室　巻頭イラストマップ参照）に走って行きました。

＊文庫に行けば分かる

文庫に走って行った二人を数分遅れで私が追いかけると、すでに何やら夢中で本を開いています。

るうく「ほら、ここに火のおこしかたがのってるよ」

二人が本棚から取ったのは『理科の実験』（小学館）という図鑑でした。そこには摩擦熱で木を焦がす実験が載っていました。

火のおこしかたがわかった！

ひかる「これつくってみようよ」

るうく「ひでくん、ノコギリと糸貸して」

求めていた答えと出会い、再び二人の気持ちが盛り上がります。図鑑を見ながら木の枝を短く切り、その木を糸で結びます。二人の夢中な姿に、「何してるの？」と興味を示し、仲間が増えてきました。

るうく「持つところはつくったから、次は棒をえんぴつみたいにしよう」

ひかる「ノコギリもう一回貸して」

秀弘　「鉛筆みたいにするならノコギリじゃなくてナイフのほうがいいよ！
　使い方教えてあげる」

よし！　回ったぞ！

木のほうを動かすんだ

危険もともなう道具ですが、だからこそ使い方を最初に丁寧に伝えることで、実際に削らせてみました。子どもたち自身が「木のほうを動かすんだよ」「親指でここをおさえるんだぞ」と伝え合う姿がありました。

園庭を探しまわり、よさそうなベニアの板を見つけてきました。そして、芯棒の上を押さえるのは、ままごとのおわんになりました。

るうく「あとは下の板だ。なにかいい板ないかな？」

るうく「オレがこっち持つから、ひかるはそっちを持って」

二人で協力しながら芯棒に巻き付けた糸を引っ張り合います。初めは息が合わずに手こずりましたが、すぐに息が合ってきて棒が少しずつ回り始めました。しかし、押さえるところが不安定で芯棒が外れてしまいます。

けんと「もっと小さいのがいいよ」

とトムソーヤ小屋（外用おままごと小屋　巻頭イラストマップ参照）へ走っていき、小さめのカップを持ってきてやってみるがダメ。

たつひろ「すべりやすいのがいいよ」

鉄のカップでやってみるがダメ。いろいろなものを試した中で、アルミ缶（ジュースの缶）の底に行きつきました。それで押さえてやってみると、芯棒がグルグルと勢いよく回り始めます。棒の先が焦げています。板を触ってみると「熱い！」。子どもたちから歓声があがりました。

るうく「よ～し！　これで火をおこすぞ！」
いつの間にか仲間も六～七人に増え、交代しながら一日中火熾しに挑戦し続けていました。

木の髄が抜けた穴から火熾しを連想し、図鑑の中から火熾しの具体的な方法と出会い、〝やってみたい〟意欲が燃え上がりました。この時「火熾ししたい」という私も予想していなかった展開に驚きましたが、同時に子どもたちが出会っているワクワク感に私も同行させてもらいながら、どこまでやれるのか、この後どうなっていくのだろうとワクワクして興味は尽きません。

子どもたちは、自分たちが今までに経験したことの中から、使えそうな道具や方法を選び取り実現に向かいます。私はその仲間に混ぜてもらいながら、子どもの意欲を消さないよう、子どもたちが自分で歩んでいる実感を潰さないように、適切な距離感を心がけようと思うのでした。

＊道具の工夫　10月16日

週明けも、登園するなり、るうくとひかるを中心に火熾しへの挑戦が始まりました。しかし、やればやるほどこすっている手応えがなくなり、カラカラと音を立てて回るだけ……。

ひかる「この板ツルツルになってる」
るうく「すべるからダメなんだよ。あたらしい板さがしにいこう！」
秀弘「燃えやすい葉っぱってあるでしょ！　だから燃えやすい木もあるんじゃない？」

たかゆき「たきびのときに杉っ葉がよくもえるよ」
るうく「じゃあその木でやってみよう」

お寺（眞福寺、園長が住職）にある杉の木皮を少しはがさせてもらい、試してみます。何回かやっていると、

子ども「何かこげているにおいがしてきた」「けむりだ！」「けむりが出てる！」

摩擦面からうっすらと煙が出てきました。再び子どもたちから歓声が上がります。しかし、火になる気配はありません。芯棒に×の切り込みを入れてみたりしても変わりません。

＊火が熾きたら何したい？　10月19日

るうく「きょうこそ火をおこすぞ～」
ひかる「おかあさんに火のおこし方かいてある紙もらったからやってみようぜ～」

彼らの生活の中で〝火を熾す〟ことが、生き生きとした生活を動かしています。しかしそれでも、火が熾きる気配はありません。家にまで持ち帰る「火を熾したい気持ち」に、お母さんが応えてくれて、ひかる君は本のコピーを持ってきました。

そこには、「芯棒には、うつ木、あじさい、桑の木の枯れ枝がよい」と書いてありました。子どもたちはそれを見て、「くわの木しってる」「かいこの時＊の木だ」となったのですが、時間がなかったので、翌日枝を取りにいく約束をしました。

＊和光保育園では、生き物の命を活かす営みを生活の中に残していきたいという思いから、毎年春から夏にかけて子どもたちと養蚕をしています。できた繭から糸を紡ぎ、雑巾やハンカチを縫う糸にしたり、繭を卒園式のコサージュに利用したりしています。

子どもの心に生まれた〝火を熾したい〟という気持ちが、仲間と響き合い心地よい関係を作ってくれています。火熾しの話題は、ご飯や当番の時の会話などにもがあがります。

＊桑の枝で試してみる　10月20日

朝登園したこうだい、

こうだい「じゃーん、これ何でしょう？」

秀弘　「え？　それはもしかして……」

こうだい「これね、家にくわの木があったからね、おちていたの持ってきたの」

こうだい君はゆっくり、おっとりとした性格の持ち主ですが、愛くるしさが魅力になり、友だちに誘われることが多い子です。しかし、逆に周りがやっていることにこうだい君から「入れて」と入って行くことはめったにない印象でした。

そんな彼が、最近は友だちがやっている火熾しに〝おもしろそう〟と顔をつっこみ、ナイフで木を削ったり、火熾しの順番に入れてもらったりもしていたので、友だちの中に参加したい、という気持ちが彼の中に芽生えてきていることを感じていました。その中で味わった楽しかった思いを、家まで持ち帰り、家の庭の桑の木を見つけた時、〝これは火おこしに使えるくわの枝だ〟と気づき、保育園まで持ってきてくれたのです。

桑の枝を見つけた時、こうだい君の心の中にどんな気持ちが起こったのだろう？　枝を持って保育園に来るまでに、どんな気持ちで来たのかな？　想像するとワクワクした。友だちと楽しみを協働する姿に、彼が〝自分事《じぶんごと》〟で参加している手応えを感じた。

先日ひかる君が持ってきた本のコピーに、太さ一～二センチ、長さ二〇～三〇センチと書いてあったのでさっそくサイズを測ってみました。しかし、細すぎました。

るうく　「じゃあ、これをみほんにさがしにいこう」

こうだい「うん」

そこで、わいがや亭（巻頭イラストマップ参照）の広場にある桑の木のところに行ったところ、ちょうどよさそうな枯れ枝が落ちていました。

るうく　「これ（こうだい君が持ってきた桑の枝）と同じだから桑だよ」

サイズを測ってみると、「太さ二センチ！　おぉ！」。これでもう一度芯棒を作ることになり、子どもたちは興奮気味で園庭に向かって走っていきます。
前にやったように、ナイフで削り鉛筆のようにします。今回はひかるやるうくがお手本となり、それを真似て他の子が削っています。でき上がってさっそく試してみると、煙が今まで以上にモクモクと出てきて、焦げた削りかすも出てきます。「おぉぉ煙が出てる！」。ここぞとばかり、交代しながら大人も試してみますが、それでも火は熾きません。

空を飛びたい　10月19日

そんな火熾しグループの動きとは別に、他のことに興味を示した子どもたちの姿もありました。千鶴子さん（フリー保育士）が、庭の奥で落ち葉を集めて焚いていると、そこに子どもが集まってきました。

千鶴子　「ねえ、雲と煙の違いって知ってる？」
こうだい「しらない。おなじじゃないの？」
じゅんき「わかった。このけむりが空までのぼっていって雲になるんじゃない？」
秀弘　「なるほど！　じゃあ煙をつかまえて調べてみる？」
じゅんき「えっ⁉　つかまえられるの？」
たき火の煙の上にビニール袋をかぶせて煙を集めて口を閉じます。においをかいでみると……

じゅんき「くさい！」

その様子を周りで見ていた子も、順番で煙を集めてはにおいをかいでみる中で、

じゅんき「オレさ、空とんでみたい。そうすれば雲のこともしらべられるし、ベッドみたいに寝れるかもしれないじゃん」

なちか「ねぇ、わたし空のとび方ならしってるよ！　いい本があるからきて」

なちかは子どもたちを文庫に連れて行って『ぽっかりこ』（教育画劇）という絵本を見せました（喫茶店のイスに乗ったらイスがくるくる回って空に飛び上がり、雲の上まで行くという内容のもの）。さっそく「やってみよう！」とくるくる回るイスを探しに行くと、事務室で回りそうなイスを発見。事務の江口さんにわけを話してイスを借り、はるのちゃんの「空にちかいほうがいいから」というアドバイスで、二階デッキで試してみることに。なちかを乗せて、子どもたちは「回し方が弱いよ」などと、何度も絵本を見ては試してみるのですが、あえなく失敗です。

あきらめて園庭に降りてみると、卒園児のお父さんたちがかまどで新米を炊きにきてくれていました。

秀弘「そうだ！　ビニール袋で温かい空気を集めると袋が飛ぶよ」

かまどの火の熱を集めて手をはなすと、ビニール袋が空高く飛び上がりました。

たかゆき「こういうのって〝ききゅう〟っていうんじゃない」

じゅんき「じゃあ、ききゅう作ろう」

あがった、あがった～！

もっと強く回さなくちゃ

私の中でこの後に「学びの探究遠足」に行くことは意識していた。しかし、子どもたちに対して、「遠足に行くからどこに行きたい?」や、「何か調べたいものがある?」と聞くのではなく、生活の中から自然と湧いてくる「なぜ?」（好奇心や探究心）に、とことん向き合える時間としてこの時期を利用したいという思いがあった。普段は「???」と思うだけで過ごしてしまうことも、とことんやってみることで出会うワクワクや発見が絡み合い膨らんでいくうちに、大きな流れのようなものができてくるのではないか? と思っていた。特に年長の秋は、仲間と目当てを協働すること自体も欲する時期。この頃は、「なぜ?」をきっかけに協働する〝きっかけ〟や〝タネ〟を探していた。

＊気球の本を読む

子どもたちの中から気球を作ろうという話題があがったこともあり、担任二人の中で「気球の浮力は火の熱を利用しているのだから、火熾しとつながってくる可能性もあるよね」「気球のことが載っている本を探してみよう」と話し合いました。由美子さんは週末に図書館で気球の絵本を見つけてきてくれましたが、その絵本は英語で書いてあるものでした。

そこで、英語教師のはるのちゃんのお父さんにお願いをして、少し早くお迎えに来てもらい、気球の本を翻訳して読んでもらうことにしました。そこには、たき火のあたたかい空気を集めると浮かぶことが書いてありました。それを見てじゅんきが「あ！　このまえやったのとおなじじゃん！」と気づきました。

この時はまだ、実際にやってみたことと同じことに出会うれしさのほうが大きかったのだと思います。しかし、こういう積み重ねが次の何かとつながっていくはず……。

＊火熾しチームと気球チーム

午後、とざん組のみんなの前で、火熾しに夢中になっている仲間と、空を飛ぶ実験をした仲間たちに、お互いどんなことをやっているのかを紹介してもらうことにしました。火熾しの仲間は、これから桑の枝を使ってやってみること、空飛びたい仲間は、今日やったことと、気球を作ってみたい思いをそれぞれ言いました。

秀弘　「そしたらさ、火を熾したいチームと、気球を作りたいチームで二つに分かれて、どちらかやりたいほうに入って、みんなで協力してみるのはどう？」

子ども「いいね～」

火熾しと気球の二つのチームに分かれて、この先どう進めるか子どもたちだけで話し合いが始まりました。

中には興味がある子と、そうでもない子が入り混じっていたと思う。しかし、自分がどちらかのチームに所属することで、今までより近い距離感で友だちのやっていることに触れられて、中に入るきっかけになるし、逆に新たな子の参加によって新鮮な風が吹き込み、違った展開が起こるかもしれない。そういう期待も持ちながら提案した。もちろん、「やりたくない」と声があがった時は、それに向き合うつもりでもいたが、この時は言葉としてはあがらなかったので、その後の一人ひとりの関わり方にも気を配ってつきあおうと思っていた。

気球チームは、気球を何で作るかという話になり、お家にあるビニール袋も持ってきて、それをテープで貼り合わせて大きくしようと相談がまとまりました。

翌朝、持ち寄ったビニール袋をテーブルに集めて、ハサミで切って広げて、一枚一枚テープで貼り合わせます。全部貼り終えてみると、畳二枚分くらいの広さになっていました。

四隅にひもを結んで外に出て広げてみたのですが、風があちこちから吹いてきて、思うように広がりません。

じゅんき「やっぱり火でやらなきゃだめだよ」

たけし　「じゃあ、火おこしチームが火をおこしたらそれでやればいいじゃん」

一方の火熾しチームは、新しい桑の木を探しに行って芯棒をもう一度作ってみる作戦を話し合っています。翌日、あじさいの枯れ枝を探しに行って、それで試してみたのですが、柔らかすぎてうまく削れません。あきらめムードが漂い始めている感じです。

その翌日はちょっと休憩。一日火熾しはせず、他の遊びをしていました。午後、両チームのやっていることを紹介し合いました。火熾しチームは気球チームに火熾しのお願いをされたので、もう一度翌日やってみることになりました。

ついに火が熾きた！ 気球を飛ばせる　10月23日

この日、もう一度一番煙の出た桑の枝でやってみることにしました。

しかし、煙は出ても火は熾きそうにありません。火熾しチームの雰囲気もドヨンと曇ってきました。私たちは〝火が熾きないのは道具のせいではなく、子どもの力や技術の問題だから、このまま「ダメだった」で終わるのではなく、自分たちで作った道具で本当に火が熾きるところを見せてあげたい〟と願っていました。子どもたちが作った道具で火が熾きる確信がありましたし、「君たちはすごい」ということを伝えてあげたかったのです。

そこで、前年のバザールのイベントコーナーで火熾し体験を行った時の道具の中から、火種を包む麻の縄をほぐした綿《わた》を用意し、子どもたちに「今日こそ熾すぞ！　これは火種ができた時に使う綿、あとは火種の受け皿にする椿の葉っぱも必要だ」と伝え、一緒に裏の垣根に取りに行き準備をしました。順番の中に私と幸枝さん（フリー保育士）も混ぜてもらいました。

みんなでつなげた気球も浮いたよ

ばんざ〜い！　火がついた！

子どもも大人も代わる代わる力を込めて芯棒を回します。すると、ついに焦げた削り粉の中に火種ができたのです。すばやく受け皿の椿の葉っぱにのせて、用意しておいた麻の綿にできた火種をつつみ、ゆらして風を送ります。ついに点火！

みんな（子どもも大人も大声で）「やった〜やった〜」

るうく「火がついたぞ〜、オレたちの火だ！　オレたちの火だ！」

何事かと他の年齢の子どもたちも集まってきて、一緒に喜んでいます。「ねえねえ、とざん組、火が熾きたって」。燃え上がる炎を見て由美子さんが「あ！　気球！」。火熾しに夢中になって忘れていました。急いで気球を持ってきて、たき火の上にかざすと、ふわっと浮き上がりました。子どもたちは、「やっぱり大きくても浮くんだ」「でも人がのって浮くには、もっと大きくなくちゃだめだね」等々、いろいろ発見があったようです。

この日は記念に、熾した火で焼き芋を焼いて、焼き芋パーティーをしました。

週明け、家でも自作の気球に籠を付けて、上から落としてみるなどの遊びが見られたと、親から報告が届きました。しかし、さらなる盛り上がりとまではなりませんでした。子どもたちはたき火で気球が浮くことが確認できたことで、納得したようでした。火熾しチームの子どもたちも、実際に火を熾せたことで満足していたようで、その後火熾しをする気配はなく、他の遊びをしています。

私たち担任は、この火熾しまでの物語を、どう遠足につなげていくのか悩みました。子どもたちはすでにある程度やりきった気持ちで満足しているのです。しかし、遠足にも連れて行ってあげたい。新たな興味を探すのか？　いや、これまでやってきた物語のつながりとして、何か生かせるものはないか？　改めて、子どもたちに熾した火で何がやりたいのかを聞いてみることにしました。

＊火の力でできること　11月4日

子どもたちは、気球が膨らんだこと、焼き芋が焼けたことなど、火が熾きた日を思い出しながら、「火のちからってすごいね」「火のちからでできることって何があるだろう？」と再び話が盛り上がりました。出てきた考えをまとめると次のようでした。

・ドラム缶風呂　→水を温める（お泊り保育で経験した）
・焼き芋　→芋が焼ける
・料理　→煮る・焼く
・お茶碗を作る　→粘土を焼いて固める（おやじの会―在園児のお父さんたちで構成される会―の窯で皿を焼くのを知っている）
・気球　→空気を温める（絵本と経験知）
・手裏剣もできる→粘土を焼くと固まる（毎年冬に園庭のたき火で素焼きをする経験）

子どもたちは、自分が今まで出会ったこと、経験したことを思い出しながらどんどん答えてくれます。その一つひとつの言葉に子どもが出会っている世界の入口があり、私はその言葉の向こう側に子どもたちの出会っている世界を見せてもらいます。「なるほど、そういうふうに見えているんだな。あの経験が心の中に残っているのだな」と。聞いている子どもたちからも「うん、うん」「そうそう」と相づちが入ります。その中で、たつひろ君が「しゅりけん」と言うと、それには誰からも相づちが入りません。それでもたつひろ君は「しゅりけん」「しゅりけん」と私に訴えてきます。私は「しゅりけん」が園庭の粘土で作ったしゅりけんをたき火で素焼きしたものだとすぐに分かりましたが、「しゅりけん」という言葉を、他の子どもたちがどう受け止めているのか？　それは、この仲間たちの共通語になっているのか？　そうでなかったら、たつひろ君は分かり合うためにどう説明するのか？　少し興味が湧きました。

鉄って何だ？

秀弘　　「手裏剣って何でできてるの？」
たつひろ「ねんどでしょ！」
　やっぱりそうだったのだなと思いました。しかし、それを聞いて、
いろは　「えっ、鉄だよ！」
　私はあまりに冷静な突っ込みに驚きました。しかし、今度はいろはちゃんや他の子どもたちが

〝鉄〟とどう出会い、どう理解しているのか興味が湧いてきて、
秀弘「鉄って何？　何でできてるの？」
たけるで「鉄は磁石でくっつくやつだよ」
秀弘「そっか、じゃあ磁石はここにあるから（連絡ボードの紙を止めている磁石）これにくっつけば鉄ってことだね⁉」
たける「うん」
秀弘「じゃあ、つきそうなもの持ってきて」
　子どもたちは、缶箱、炭消しバケツなど、いろんなものを持ってきます。
秀弘「いろんなものがあるね」
たける「もっとほかにもあるよ。鉄棒とかボードとか」
秀弘「そしたら和光の中にどれだけ鉄があるか磁石を使って調べてみるのはどう？」
子ども「いいね～」

　やっぱり子どもに相談してよかった。さっきまで〝どうしよう？〟と悩んでいたことが嘘のようです。子どもとの会話の中で、新たな出会いに、子どもと一緒にワクワクできる、楽しみな世界がまた開けてきました。

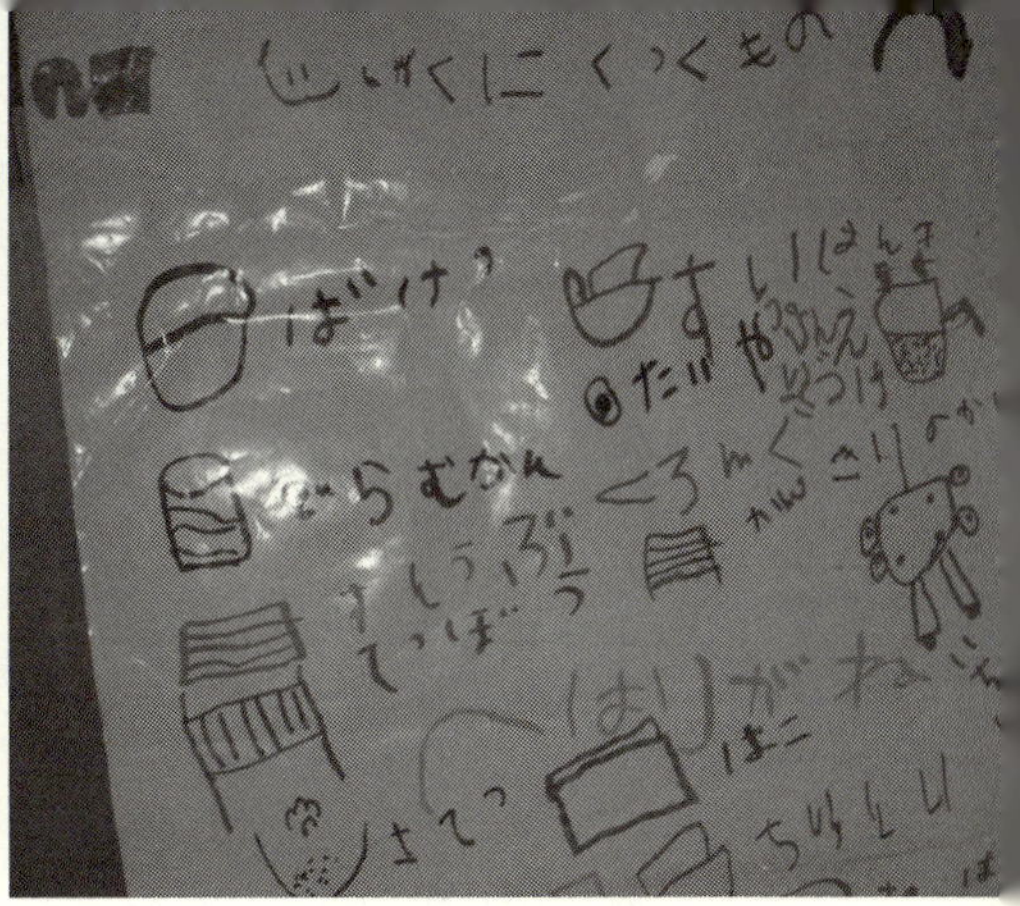

磁石にくっつくもの調べ

砂鉄を集めよう

＊磁石にくっつくもの　つかないもの

私は紙を用意して、調べたものを自分たちで書き入れられるようにしました。磁石を家から持ってきた子どもたちは、くっつきそうなものに磁石をあてては、壁紙に書き入れています。大きなもの（目につきやすいもの）を一通り書き入れると、今度は洋服のファスナーや棚のキャスターのような、何かの部品なども調べ始めました。その中で、外で調べていたたつひろとひかるが磁石を砂地に落としてしまいました。

たつひろ・ひかる「ねぇねぇ、これみて！　磁石についてくる砂がある！」

文庫に行って『理科の実験』（前述図鑑）で調べてみると、『砂鉄』ということが分かりました。袋に磁石を入れて袋から磁石を離すと、砂鉄が離れるという図鑑に載っていた方法で、砂鉄集めをやってみることになりました。

＊鉄について調べる　11月6日

砂鉄集めの仲間がいつの間にか増え、お皿一枚分くらいの砂鉄が集まりました。次いで、鉄のことも文庫に行って調べてみようということになりました。

『日本の歴史』（小学館）の図鑑に、縄文時代に出てくる狩りの槍や、戦国時代の刀が鉄の色をしていることに気づきました。
秀弘　「どうやって鉄作ってたんだろうね」
たけし「父ちゃんが、マグマみたいな赤いドロドロしたものをひやしてかためたのが鉄だっていってた」
「マグマ？」。今度はマグマの調べです。『地震』（小学館）という図鑑に、マグマが噴き出す写真が載っていました。
たけし「あっ！　これだ！　ひで君よんで！」
秀弘　「マグマは一二〇〇℃くらいの温度で地表に噴き出る、だって」
たかゆき「一二〇〇℃ってすごいじゃん」
秀弘　「みんなのお家のお風呂って何度くらいか知ってる？」
子ども「オレんち四〇℃」「オレんち一〇〇℃」「え〜！」
秀弘　「それにしても、一二〇〇℃って熱そうだね」
そこに砂鉄集めをしていたるうく君が砂鉄を持ってきました。
るうく「ねぇみて、こんなに砂鉄とれたよ」
たかゆき「ねぇるうく、マグマのってるよ。一二〇〇℃だってよ」
秀弘　「たけしが『鉄はマグマみたいな赤いドロドロのやつが固まってできる』って言ってたけど、マグマが固まって鉄になるの？」

るうく「じゃあさ、この砂鉄とかしてみればいいじゃん」
秀弘　「え⁉　どうやって？」
るうく「フライパンにいれてさ、たき火でやくの」
秀弘　「よし！　やってみよう」
　みんなは文庫を飛び出したき火の準備を始めました。

　子どもたちは砂鉄と鉄の関係をどのように感じているのでしょうか？　私もこの時点では分かりません。しかし、きっかけになる言葉と出会い、それと自分たちの知っている事柄と今までの経験がつながり、〝やってみたい〟気持ちが高まると、驚くほど純粋に、目を輝かせるのです。私はそんな子どもたちの〝なぜ？〟〝やってみたい〟に寄り添い、時にはきっかけとなる言葉の発信者となり、時には「やってみたら」と応援者になり、時には共に悩む友となるのです。心の中では、「フライパンも鉄なのにな～」と思いながらも、私には考えつかない方法で、やってみようとする子どもたちの思いに乗り、私も出会ったことがない事柄と出会わせてもらうのです。

⑵ 鉄を溶かしてみたい

フライパンで溶かしてみる

園庭で冬場にたき火をするのと同じようにシャベルで穴を掘り始める子どもたち。ここでも今までの経験が生きています。火を熾してさっそくおままごとのフライパン（外用のおままごとは、本物の調理道具のお古等を使用している。ドングリを炒る時などはおままごとのフライパンを使用しているため、子どもたちは迷いもなく小屋からフライパンを出してきた）の中に砂鉄を入れて熱してみます。待ちきれない子どもたちは、木の枝で砂鉄を混ぜ始めました。

るうく「なにもおこんねーぞ」

たけし「もっとかきまぜたほうがいいんじゃない」

数分経っても砂鉄に何も変化がありません。

たけし「そしたらさ、水入れてみようぜ。オレ、水もってくる」

（熱したフライパンの中に水を注ぐと、ジュワジュワジュワと音を立てて水が一気に沸騰する）

るうく「お～！　マグマだ！」

叩いて小さくしてみたら

かきまぜればいいんじゃない

ひかる「とけた！　とけた！」

子どもたちから歓声が上がりましたが、しばらくすると、「あれ？」。水がフライパンの中からなくなり、再びもとの砂鉄に戻ってしまいました。その後、三回試してみましたが、やはりもとに戻ってしまいます。

たけし「そうだ！　水じゃだめだから、お湯でやってみよう」

すぐにトムソーヤ小屋（ままごと小屋）からままごとのやかんを取り出してきて、たき火でお湯にして試してみます。しかし、水の時と同様で、もとの砂鉄に戻ってしまいました。

ひかる「わかった、砂鉄が大きすぎるんだよ！　だから、トンカチでたたいて小さくしてみよう」

砂鉄を板の上に乗せて、トンカチで叩いてみます。小さくなったような、ならないような……それをまたフライパンで熱し、水も入れてみましたが、何も変化がありませんでした。

学びを見えるようにする　11月9日

“火熾しがしたい”から始まった子どもたちの物語は、一ヵ月が経とうとしています。この頃担任の中では、遠足の行先をそろそろ絞っていかなければという意識がありました。鉄に興味があることは分かっていましたが、未だ学びの途中段階で、子どもたちが、〝どこで何と出会いたいと思っているのか〟は絞れません。そこで、子どもたちが今までやってきたことを整理してみたら、子どもたちも、自分の歩んできた道のりを振り返ることができるし、もしかしたら次なる学ぶ意欲を刺激することもできるのではないか？　と思い、『わこうせいてつじょ』というコーナーを作ることにしました。

分かったこと、やったことを紙に書いて貼れるようにします。子どもが書いたものに、写真を添えてあげることで、より分かりやすく、自分が学んだことに対して、学びの実感が持てるのではないかという思いからでした。

『わこうせいてつじょ』のコーナーでは、「この磁石やったよね〜」「やったね〜」「あ！　また磁石で調べてみようよ！」「いいね〜」という会話が聞こえてきます。自分で振り返ることで実感がともないます。その実感は次なる学びへの意欲となります。今日も終日砂鉄集め＆鉄探しをしている子どもたちです。

たき火の温度、お湯の温度　11月10日

砂鉄はどうして溶けなかったのかを考えているうちに、

たけし「たき火じゃ温度がたりないんじゃない？」

ともや「一二〇〇℃のときはとけてるのにね」

49.2℃　熱いけどまだ触れる

わこう「てつけんきゅうじょ」

かずき「たき火って何度なんだろう?」
たけし「父ちゃんに聞いたんだけど、鉄は一二〇〇から一五〇〇℃じゃないととけないいんだって」
秀弘　「じゃあ計ってみようか?」
おやじの会が毎年冬にやっている陶芸の窯で使う温度計を借りて、たき火の温度を計ってみると、七〇〇℃でした。
かずき「あ〜これじゃあ火が弱いよ」
ともや「これであおぐと火が強くなるよ!」
と、うちわで風を送ります（普段の生活の中で、たき火の火をあおいで熾す経験をしている)。
かずき「お〜少しあがった!」
最後に私が強くあおいでみると、九〇〇℃までは上がりました。
分かったことはすぐに『わこうせいてつじょ』の記録用貼り紙に記録していきます。

午後、保育園の畑の落花生の収穫をして、すぐに茹でて食べることになりました。たかゆきから「お湯って何度かな?」と聞かれて、午前中の経験から、温度にも興味が湧いてきます。

台所から調理用の温度計を借りて、お湯の温度を計ってみることにしました。

・四九・二℃　「う〜ん、あついけどまだ触れる」

・六〇℃　「あっ！　湯気が出てきた」

・八〇℃　「なんかまわりに泡ができてる」

・一〇〇℃　「グツグツいってる」「一〇〇℃より上にはあがらないよ」

私たちも何かやりたい　11月11日

クラスの部屋に作った『わこうせいてつじょ』コーナーで、女の子たち数人が『理科の実験』（図鑑）を見ながら「何かやりたいね」と言っていました。

「ついにチャンスが来た！」と思った。今までも火熾し・気球・砂鉄集めと、大きな流れの中で、そこに混ざって参加する姿はあったが、印象としては、興味の中心部ではなく、少し中心から離れた立ち位置で参加している感じの女の子たちだった。その子たちが自ら「何かやりたい」と言っている。周りで楽しそうにしている男の子たちがいて、その姿が女の子たちの心に響いて、一緒にやりたい、参加したいという気持ちを膨らませていたのだと思う。こうやって、自分から「やってみたい」と動き出すことが何より大事なのだと思う。その気持ちさえあれば、今までやってきた無関係のようなことも、つながる可能性として開かれていく。だか

ら、いま「何かやりたい」と思っている女の子たちの〝思い〟を大切に、私はそれにつきあうのだ。

私もつきあって、一緒に図鑑を見ているうちに、ロウソクの実験のページで、
みく　「これきれいだね」
のあ　「ほんとだ」
はるの「ねぇ、これやってみたい」
秀弘　「よし、じゃあやってみよう。お寺にロウソクを取りに行くか!?」（秀弘は眞福寺の副住職）
女の子たち「やったー」
ロウソクに火をつけて、溶けたロウを水に落とすとすぐに固まる実験をやってみました。
なちか「すごーいキレイ！」
はるの「ほら、水に入れるとすぐにかたまるよ」
いろは「これ（図鑑）に冷えるとかたまるってかいてあるよ」
ロウソクは熱くなると溶けて、冷えると固まることに気づきました。

砂鉄をフライパンで炒って溶かそうとした子たちが、熱しても変化が起こらなかった時に、水を入れてみようと試した様子を見て、私は子どもたちが「溶ける」ということを、溶解のような印象でとらえているのだと感じていました。そこで、この女の子たちの気づきを、砂鉄を溶かそうとし

ていた子たちに聞かせたら、どういう印象をもつのだろう？　と思いました。
そこで、帰りの会で女の子たちにロウソクの実験で気づいたことを紹介してもらえるようにお願いをしました。するとうれしそうに了解してくれて、帰りの会で自信満々に紹介してくれました。
それを聞いた子たちは、
たかゆき「砂鉄に水を入れたら（冷えちゃうから）ダメじゃ～ん」
たける「じゃあ、どうやったら鉄ってできるの？」
たくと「オレの父さんが、鉄のことならてっこつ屋に聞けばわかるっていってた」
秀弘「じゃあさ、明日自宅弁当の日（月に一度、家庭から弁当を持ってくる日がある）だから、大貫じゅう（和光保育園のある地域）の鉄工所に聞きに行ってみようか」
子たち「いいね～」

鉄工所に聞きに行く　11月12日　自宅弁当の日

鉄工所を回って、「鉄はどうやってとかすの？　どうやってつくるの？」と聞いてみました。
・一軒目「ん～溶かすのは新日鉄さんだな。うちは鉄とプラスチックをくっつけるところなんだ」
・二軒目「溶かすなら新日鉄だな。うちは新日鉄から買った鉄を削ってるんだよ」
・三軒目（休み）
・四軒目「溶かすのは新日鉄だな。でもくっつけるのは見せてあげるよ」

と鉄の溶接を見せてくれました。

鉄工所に行ったら、みんなが「新日鉄さん」って言ってたね、ということで、新日鉄で働いているたけし君のお父さんに相談してみることにしました。しかし、溶鉱炉の中は危険がともなうので、保育園児では見学が難しいとのことです。でも、今度研究の様子を見に来てくれる約束をしてくれました。

たたら製鉄を知る　11月17日

子どもたちの中にも、これ以上はどうしようもないような雰囲気が流れ始めていました。担任としても、この取り組みを、遠足にどうつなげていくのか道が開けず、もんもんとしていました。しかし、今子どもたちが興味をもっていることは〝鉄を作りたい〟ということに絞れてきている実感はありました。そこで、それを頼りに、次のようないくつかの計画を模索していました。

・砂鉄を集めに千倉のほうに行く遠足もあるか？　しかし、砂鉄を集めること以上に溶かすことや鉄を作ることに興味が向いているような気がする
・市川市産業博物館に溶鉱炉を見に行く？　自分たちで作りたいと思っている子どもたちには、あまりにも規模が大きすぎるのではないか？　子ども自身が実感の持てる学びとなるだ

ろうか？

・新日鉄君津に子ども向けの工場見学？　たけし君のお父さんに相談をしてみたが、危険がともなうので難しいとのこと

・君津（隣の市）あたりの道具鍛冶屋の見学？　鉄を熱して叩く様子を間近で見れるのは魅力だが、鉄を作るというよりも、鉄を使って道具を作るところだから、鉄工所とあまり変わらないかもしれない

そうやって、どこかに手がかりはないかと情報を集めながら悩んでいる時に園長に相談をしてみたら、〝たたら製鉄〟という製鉄方法があるらしいということを教えてくれました。調べてみると、それは、日本古来の製鉄方法だということが分かりました。しかし、たたら製鉄なんて誰一人未経験です。そこで、インターネットで調べる中に、東京科学技術館で、公開たたらをやる情報を得たので、果たして保育園でやれることなのかと、休日返上で職員何人かと見学に行くことにしました。その結果、毎年おやじの会がやっている陶芸の薪窯の経験から、指導者がいてくれればやれるのではという感触を持ちました。

さっそく、たたら製鉄が載っている本を子どもたちに紹介すると、そこには「たたらは、砂鉄と木炭と風を燃料として鉄を作る」と書かれています。

けんと「やっぱり砂鉄をとかすのであってたんだ！」

たける「木炭って炭のことだよ」
けんと「これやってみたい」
子たち「やってみたい」「やってみたい」

自分たちがやってきたことが間違ってなかった！　安心と喜びが、意欲をまたつなげてくれました。

(3) 大野さんとの出会いと「学びの遠足計画」

大野さんに会いたい

たたら製鉄の方法や準備についてさらに詳しく調べ、新日鉄に勤めているお父さんや身近な千葉市科学館（「公開子どもたたら」をしていたことが分かった）に、たたらをやってみたいと相談をしてみました。ところが、安全面や保育園児では前例がないなどの理由などから難しいと断られてしまいました。

しかし、これまでの経緯を千葉市科学館の学芸員さんに話したところ、科学館でたたら体験のワークショップを指導された刀鍛冶の大野さんの存在を知りました。大野さんからさらに鉄のことを学びたいので紹介してほしいとお願いしたところ、仲介の労をとってくださいました。気難しい人ではないかな？　とドキドキしながらさっそく電話しました。

火熾しから鉄研究までの経緯や、子どもたちの熱い思い、過去の年長の遠足の話などを長々三〇分も聞いてもらい（大野さんも初めはあっけにとられた様子でしたが）思いが伝わり、「そういうことでしたら相談に乗りますよ」と言ってくれました。実は現在岐阜県在住の大野さんは同じ千葉県人で、近く千葉市まで鉄の鍛錬の実演に来ることが分かりました。

すぐにそのことを子どもたちに伝えると、「あいたい！　あってみたい！」と大盛り上がり！　そんな様子を大野さんに伝えたところ、二つ返事で「いいですよ」と受けてくれました。

ところが、大野さんの鍛錬の実演は、実演場所のお店の危険という判断から実現できませんでした。しかし子どもたちからは、「はなしをきくだけでもいい」「大野さんにあいたい」という言葉！　あきらめかけていたのは大人だけです。子どもたちの熱い思いが、〝あきらめない心〟を呼び覚ましてくれました。

*やっと遠足計画につながった

すぐさまもう一度大野さんに電話をして、「話だけでも聞かせてください」とお願いをして、了解をいただき、いよいよ〝大野さんに鉄を聞きに行くぞ遠足〟へと向かうことになりました。

こうして、いくつかの案をもちながら、大野さんにつながったのは、遠足計画予定の一〇日前のことでした。子どもが、「やってみたい」という思いに寄り添い、共に歩んできたら、思いもよらない大きなつながりが生まれようとしています。大人はそのつながりそうな可能性を大事に結ぶ役目です。そのつながりをグッと引き寄せるために、大野さんに次のようなメール（抜粋）をお送りしました。

「火を熾こしたい」から始まった〝何でだろう〟〝やってみたい〟に向かう子どもたちの思いは、先日電話でお話しした通りさまざまな発見へとつながり、何でもまず試してみることで、壁（問題）にぶつかりながらも新たな気づきも生まれました。そしてそれは、更なる次の手立てに結びつき、火熾しから「鉄って何からできているの？」という、大きな目標が生まれました。その発見の中で、砂鉄と出会い、実際に鉄を溶かしてみたいといろいろと試す中で、〝鉄を作ってみたい〟〝作った鉄で何かを作りたい〟と道が絞られ、今砂鉄集めに夢中になっている年長とざん組二一名です。

たたら製鉄との出会いは子どもたちにとってもとても衝撃的で、砂鉄と木炭から鉄ができる仕組みを知った時、「やっぱり砂鉄だったんだ！」という言葉に、子どもたちの探究心の強さ・深さを改めて感じました。

〝何でだろう？〟と思ったら、とにかくやってみる！　そこで新たな発見があり、壁（問題）にぶつかったらまた悩んで、その問題をみんなで考え解決に向かう。それこそが、生きた学びなのだと私たち保育園は考えています。

何を学ぶか（結果や成果）ではなく、問題にどう立ち向かうかを大切にします。それは、子どもたちが学びたいと思う力を、今だけでなく今後・将来に向けて、広げ伸ばしていけるような学びを応援したいと思っているからです。

今回、千葉市科学館さんの紹介で大野さんと出会えたことは、出会うべくして出会えたのではないかと思うくらい大きな喜びを感じています。さっそく子どもたちに話をしたところ、本物の鉄を作っている人、鉄についての専門家としての憧れを持ち、「会ってみたい！」と言葉が飛び交いました。

「この偶然の出会いの喜び」を子どもたちにも伝えたいという大人の思いと、憧れの人と会えるチャンスが生まれたことを知った子どもたちのワクワクを大切にしたく、大野さんや鍛錬の実演を計画されているF店さんにも、お忙しい中、ご迷惑とは知りながら、無理なお願いをすることをお許しください。

「たたらをやりたい」と目標は定まりました。東京科学技術館での視察で感触はあるものの、どうやって実現するかは、大人も子どもも分かりません。しかし、子どもたちの中から、「たたらをやるならもっと砂鉄を集めよう」という声が上がり、砂鉄のたくさんあるところへ行くことになりました。

この頃には、砂鉄集めや鉄研究について、子どもたちが家で話したり、クラスの毎日の連絡ボードや、ボードフォリオ（活動の様子を物語として写真も使って親たちに伝えるクラス壁新聞）で紹介などもしていたので、学びのサポーターの輪が家庭にも広がって、たくさんの大人たちもみんなで気にかけてくれる研究になっていました。

＊学びの応援者　11月27日

新日鉄に勤めているたけし君のお父さんが、鉄研究の様子を見に来てくれました。子どもたちは朝から、『わこうせいてつじょ』コーナーにお父さんを連れていき、自分たちで調べたことを得意げに教えています。たけし父が「砂鉄はね、鉄の周りに砂が付いていて、普段はくっついていて、熱くなると離れるんだ」と絵を描いて説明してくれます。

大野さんに会う前に、もっとたくさん砂鉄を集めようということになり、近くの磯根海岸に砂鉄を集めに行きました。道中も磁石をいろいろなところに付けてみては「鉄」「鉄じゃない」と調べています。海に着くと、その海岸は黒い部分がたくさん！　磁石に砂鉄が面白いように付いてきます。

たけし父「オレも子どもの頃は砂鉄とりをよくやったよ。オレの時は壊れたテレビとかスピーカーに入ってる磁石を使ってさ、それがすごい強力なんだよ」

持ってきた袋やバケツ、落ちていたペットボトルに黒い砂をたっぷり入れて、保育園に持ち帰りました。

……

たけし君のお父さんが教えてくれた、テレビやスピーカーの中に強力な磁石が入っているという情報は、子ども以上に担任二人が食いつき、「面白そう」と思った。たけし父の子どもの頃の経験と、今の子どもたちの興味がつながっていることにもワクワクし、実際にテレビやスピーカーを解体できたらいいなと思った。

そこで思いついたのが、近くの電器屋さんです。数日後、いらないテレビやスピーカーがないか聞きに行きました。「砂鉄を集めたいから中の磁石をいただけないでしょうか?」とお願いすると、子どもたちの前でスピーカーを解体してくれて、磁石を三つくれました。

いただいた磁石を持ちかえってくると、ちょうど畑仕事を終えた千鶴子さんが畑仕事の道具を洗っていました。子どもたちが経緯を話すと、「どれ」と言って、洗っていたシャベルに磁石を付けてみると、ペタッ! 磁石を持ちあげるとシャベルもくっついて持ち上がります。

「おぉぉぉぉぉ、すげぇぇぇ! ほんものだ!」

遠足の準備　12月3日

遠足一週間前になって風邪でなんとクラスの半数がお休みという日も! それでも休んでいる子のためにと、力を合わせて準備を進めました。

大野さんに会えることがうれしい気持ちを手紙に書いて持っていこう、迷わないように地図を作ろう、と二つのグループに分かれて準備することになりました。グループの名前は「たたらせいて

電器屋さんからもらったスピーカーは強力だ

遠足に向けて準備の話し合い

つグループ」と「さてつグループ」。目的に合った名前をつけられるのも、自分たちの思いが強いからこそです。

保育園の最寄りの駅から、大野さんに会う施設のある駅までを調べて、駅が何個あるのか、面会場所の部屋にはどうやったらたどり着くのかを地図にして色を塗りました。

自分たちで準備することで、遠足への楽しみを自分の心の中や仲間との関係の中に膨らませてほしい。知らないところへ行く不安も、見通しがもてて和らぎ、安心になってくれるだろう。大野さんに聞く質問を決めながら、一人ひとりの今までの経験を出し合い、それを、くっつけたりつなげたりをして整理して、共通の目的にしよう。質問の答えについて、あらかじめ自分たちなりの仮説を立ててみれば、当日の大野さんの言葉にも興味が深まるはずと考えた。

休んでいた子も、「グループのめじるしを作らなきゃ」とお家で作っていた子や、「みんなに『じゅんびしてくれてありがとう』って伝えて！」と言っていたことなど、後から聞いたお母さんの話で分かりました。休んでいてもそれぞれが遠足を思っています！　前日には自分たちの足で切符を買いに駅まで行きました。

駅はあといくつかな？

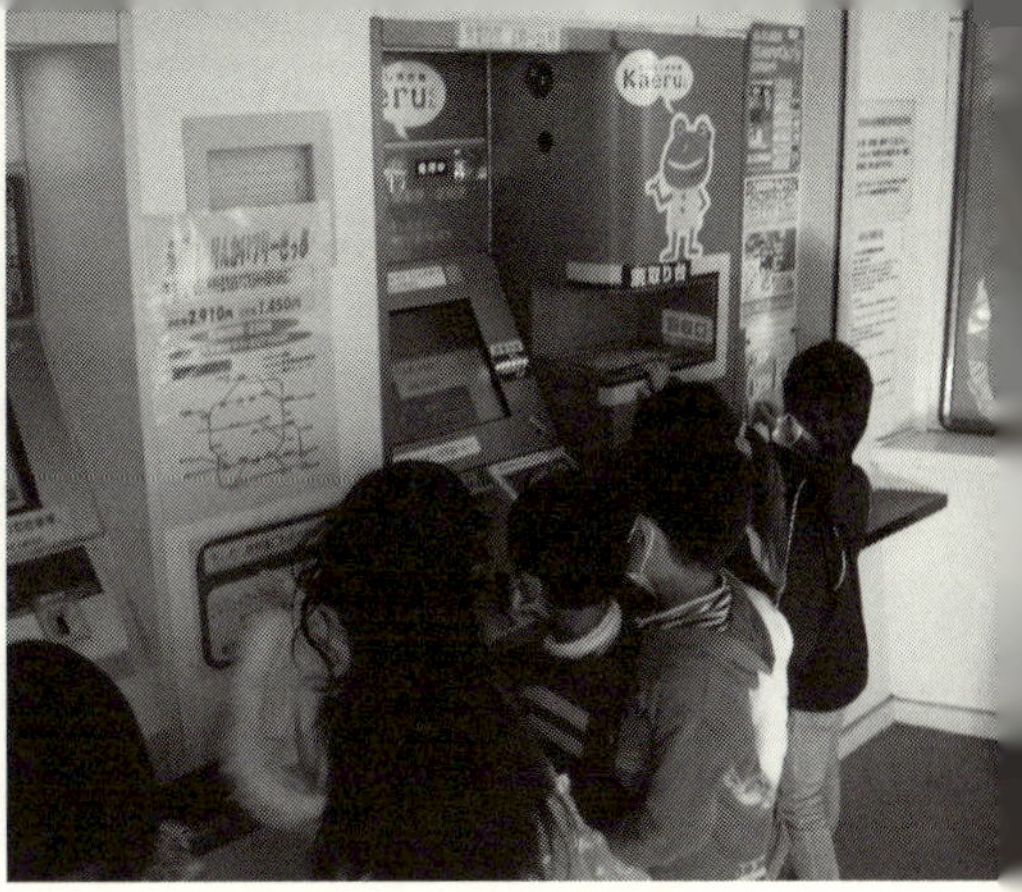

自分たちで切符を買いに

大野さんに会いに行くぞ遠足　12月12日

「いってきま～す」。たくさんの見送りに元気よく手を振って出発。電車の中では初めこそリュックを抱きしめて緊張した面持ちでしたが、一駅過ぎる度に表情が和らいでいきます。地図を開いて「あと五こでつくよ」と確認する子、車窓からの風景をノートに書きとめる子、相席したおばさんに話しかけられ「きぼーる（千葉市にある子育て支援館やプラネタリウムなどが入った複合施設）に行きます」とお話する子と、思い思いの時間を過ごしつつ、大野さんへの思いを膨らませていく道中になりました。

約五〇分乗って、きぼーるに到着。きぼーるの中は迷路のようです。

「エレベーターは何色だっけ？」　子ども「きいろ～」

「何階だっけ？」　子ども「一一階！」

「なんて部屋？」　子ども「ボランティア活動室２」

完璧です！　自分たちで準備することで、自信に満ちた子どもの顔に頼もしさを感じました。普段の保育では、〝準備を整えて、さあ保育‼〟ということはあまりしません。その時々の子どもの出会いを大切にしたいからです。しかし、前述したように、行ったことがない世界に見通しが持てずに不安に陥って

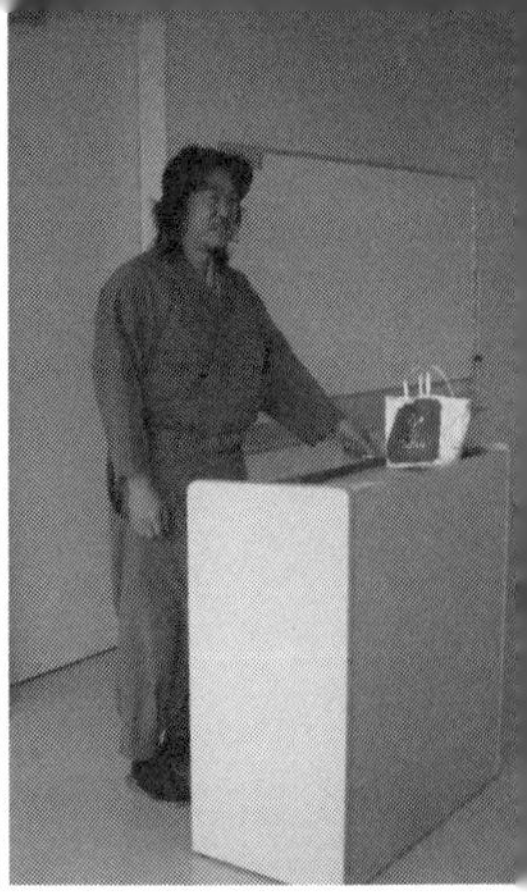

大野さんと対面

何でも答えてくれたよ

実物も見せてくれながら

しまう子もいるので、そこへの大人の配慮も必要です。また、この遠足の目的は、子どもが持った興味を自分の足で歩み学んでほしいというところにあります。子ども一人ひとりが〝自分で〟を実感できるように、要所々の名称や経路を絵や文字で描いた地図を子どもと一緒に作っていたので、地図を持った子が的確に教えてくれます。

エレベーターで一階の部屋に入り、大野さんに会う準備をしたところで、大野さんが「おはようございます」と入ってきました。

＊大野さんとの対面

着物に袴といった侍のような刀工の出で立ちに、大野さんへの想像を膨らませていた子どもたちは思わず息をのんでいます。

まるで大人の研修のようにテーブルを並べ、用意した質問を真剣にする子どもたちに、優しく丁寧に答えてくれる大野さん。何を聞いても一所懸命に答えてくれる姿に、子どもたちも徐々にたたら製鉄への思いが膨らみ、実施に向けての質問も出てきます。

アッと言う間に予定の一時間がたってしまい、今日のお礼とたたら製鉄実施のお願いをして、大野さんを見送りました。大野さんが帰った後もなお、書き

終わっても、なお……

きれなかったことを自分のノートに書き続ける子どもたちの姿もたくさん見られました。
せっかくの眺望を楽しもうと、テーブルを窓側に向けてお楽しみのお弁当タイムです。「いただきま～す」。気分はまるで高級レストランでした。ご飯の後はおまけのプラネタリウム！　最新鋭のプラネタリウムに子どもたちの口がぽか～ん、「すごい」「すごい！」。
きぼーるから出ると、道路の向こう側からカーンカーン♪という音が聞こえてきて、大野さんが鉄を鍛錬している様子が遠目に見えました。手元には何やら赤く光ったものが！　「鉄だ～！」。道路を挟んだ距離でも、さっき聞いたことを実際に見た子どもたちの目はくぎづけです！　「大野さ～ん、ありがと～う」と手を振り、きぼーるを後にしました。
帰りの電車、長旅と緊張のせいでしょう、ホッとして眠り込む子もいる中で、最後までノートを握り締めている子も見受けられました。

＝大野さんとのQ＆A＝

子どもQ「砂鉄はとかしたら増えるの？　減るの？」
「バケツ一ぱいでほうちょう何本できるの？」
大野さん「ペラペラの包丁一枚できるかな」

・自分たちの予想は、ほとんどの子が〝増えると思う〟と思っていたので、子どもたちは口をそろえて「え〜！」。

子どもQ「砂鉄は何でできているの？」
大野さん「鉄鉱石って知ってる？　山などによくあるんだけど、それが水で流され細かくなり、空気や泥や砂とくっついてできているんだよ。だから川や海にあるんだよ」
子どもQ「砂鉄をとかすのはどうやってやるの？」
大野さん「まず炉を作って、その中に木炭をいっぱい入れて、それを燃やして風を送ると、炉の中が一五〇〇℃になるんだ。砂鉄は一五〇〇℃くらいになると溶けるよ。みんなはフライパンで試したみたいだけど、フライパンも鉄だから砂鉄が溶けたら一緒にフライパンも溶けちゃうね（笑）。その時フライパンは二〇〇℃くらいだったと思うよ」
子どもQ「鉄は火のなかでのばすの？」
大野さん「鉄を火で温めてそれから叩いてのばします。鉄は熱くなると赤くなるんだけど、もっと熱くなると白くなります。それを叩きます」
子どもQ「鉄は砂鉄と木炭と風でできるってほんとうですか？」

大野さん「砂鉄と木炭と風を混ぜるんじゃないよ。木炭を燃やして風を送る、そして上から砂鉄を入れる。すると砂鉄が炉の底に落ちていく間に砂鉄についている砂や泥が落ちていって鉄になるんだよ。たたらの炉でできた鉄はドロドロでゼリーみたいなんだ。その鉄を和鉄って呼びます。それに対して外国の鉄は水のように溶けるから溶鉄・洋鉄と呼びます」

子どもＱ「とかした鉄はどこに入れるの？」

大野さん「土でできた炉の底に溜まるよ」

子どもＱ「鉄をどうやって銀色にするの？」

大野さん「銀色は銀の色だからね！　鉄は鉄色だよ！（笑）　溶かした鉄が黒いのはまだ砂や泥がたくさんついてるから。だから、もう一度溶かしてから叩くと砂や泥が落ちていい鉄つまり鉄色になってくるよ」

この日、大野さんに、保育園でやりたいと相談すると、子どもたちの思いが届き、なんと本当にたたら製鉄が「わこう鉄研究所」で実現することになりました！　大野さんの師匠さんは、かねてから「子どもたちにたたらの経験をさせてあげたい」と思っていたそうです。しかもなんと、和光で製鉄をとお願いした日が、その師匠さんの一周忌の命日だと聞いて、その巡り合わせに驚きでした。その思いを受け継いだ大野さんは、師匠の追悼の思いも込めて引き受けてくださったのでした。先代兼正さんにも感謝です。

⑷『わこうてつけんきゅうじょ』（学びの報告会）

大野さんから聞いたことを振り返る話し合いをしていると、子どもたちの学びは本物になっているのを感じました。そして、もちろん、これまでみんなが調べてきたことをとざん組だけのものにするのはもったいないです。みんなに教えたいと、『わこうてつけんきゅうじょ』の報告会を開くことにして、報告の中身を相談しました。

・**磁石でくっつくものを教えてあげたい！**　「磁石にくっつくものが鉄だよ」の言葉に、みんなで調べたことをクイズにすることに。子「くっつかないのもないと、クイズにならないよ」。

・**炉のしくみも教えたい！**　絵や写真は見たことあるけど。炉の底はどんな形？「U↑こんなんだよ」「バケツみたいな感じじゃない」。バケツにダンボールを貼り付けて平面だった子どものイメージが３Ｄ（立体）に。炭や砂鉄も作って、子どもの頭の中にあった、たたら炉が子どもたちの手で姿を現しました。

砂鉄溶かしチャレンジの説明

炉の底はこんな形だよ

・**今までたくさん調べてきたことも紹介しよう！**　砂鉄の集め方、砂鉄を自分たちで溶かしてみようとしたことなど、今までやったことの写真などを紙に貼り付けて自分たちの言葉を添えていきます。

「何してるの？」と他のクラスの子どもたちが準備の様子を見て話しかけてきます。他のクラスの子どもたちの目の届くところで準備が行われているので、憧れのまなざしが注がれ、「お姉（兄）ちゃんたち何してるの？」と学びのモデルとして影響を与えています。

＊学びの報告会当日　12月17日

「なんかドキドキする」と緊張気味の子どもたちでしたが、「お客さん」に説明しているうちに笑顔に変わり、回を重ねる度に言葉の表現も広がっていきました。

やった～大成功！「はじめはドキドキしたけど、やっているうちにみんなが『そうなんだ』っていってくれるから、たのしくなった」ようです。

自分たちが学んできたことを他者に伝えることで、学びの確認になります。そして「すごい！」と受けてくれる人がいてくれて「私たちってすごい、もっとやりたい」と、次なる学びの意欲へとつながります。子どもは大人に、自分の興味に気づき、それをくみとり、受け止め、響き返してくれることを求めています。それに応えるには、子どもの心が動いた瞬間を受け止められる距離にいることが必要です。

学びの報告会の翌日、園庭ではさっそく砂鉄集めの真似をする年中児の姿が見られます。そんな姿を見てとざん組は鼻を高くしています。そして、その輪はどんどん下の年齢の子たちにも広がっていきました！　そうやって、楽しかったことがつながっていき、いずれ大きな学びとなっていきます。

鉄研究所発表を終えると〝劇の会〟が待っていました。これも大事な行事です。

子どもたちと、「大野さんが来て〝たたら製鉄〟をやるのは、二月一八日だから、〝劇の会〟が終わった後だね」と確認をして、その時までに砂鉄をもっと集めて準備をしよう！　と約束して、鉄から少し離れて〝劇の会〟に向かいました。

毎年二月に〝親子冬まつり〟と題して劇の会を行っています。年長児・職員・保護者会は劇をやり、年中児以下は、各担任が子どもたちの普段の生活を写真に撮ったものを綴って、育ちの意味づけをした「子どもの育ちのスライドショー」を上映し、各クラスの子どもが好きな遊びを舞台上で紹介をしています。これは、保育の見直しの中で、子どもの育ちを同じ年齢の子だけでなく、他の年齢も順々に見ていくことで、育ちの筋道も感じられるのではないか？　という気づきから、子どもとお家の方々と職員みんなで、和光の子どもたちの育ちを分かち合いたいという思いで、毎年大切に取り組んでいることです。

劇の練習中は、あまり鉄づくりの話題は上がりませんでした。子どもたちは、今の、目の前の物事と出会いそれに夢中になる心が育っているのだと思います。そういった夢中になる経験や、出会いがつながっていくワクワクが、未来を描く力となるのだと思います。

⑸　わこうたたら製鉄所

ともや君の物語　2月5日

ともや「ねえねえ、〝劇の会〟がおわったってことはさ、大野さんがくるんでしょ?」

秀弘「そうそう、もうすぐだよ」

ともや「あのさ、大野さんが海の砂鉄は塩がついているから、水であらったほうがいいっていってたからあらわないと」

秀弘「お〜!　よく覚えてたね」

ともや君は、火熾し・砂鉄集めと、夢中になる子たちの近くに一緒にいて、他の仲間がやることに、「オレもやらせて」「オレもやりたい」と参加していました。私たち担任は、そんなともや君に対して、少しずつ仲間の中の一員になってきていると感じながら過ごしていました。

『わこうてつけんきゅうじょ』（学びの報告会）の時、ともや君は〝今まで自分たちがやってきたことを紹介する〟チームになりました。チームの仲間と由美子さんと一緒に、〝わこうせいてつじょ〟に貼り溜めていた写真や絵から伝えたいことを整理することにしました。そして、それぞれ説明することも決めた時、ともや君もその一員になりました。しかし、いざ人の前で練習を始めると、なかなか言えないともや君がいることに、由美子さんが気がつきました。

ともや君は、決まった言葉を間違えないように言おうとしています。しかし、上手く言おうとするほどに、口ごもり、混乱しているように見えました。

振り返ってみれば、発表の言葉を整理するのも、他の子たちの発言を頼りに整理してきてしまったので、ともや君の言葉をすくってあげられていなかったことに気づきました。

そこで改めて、由美子さんはともや君と二人きりで、チーム発表用に整理したものを見ながら、「ともやが覚えてることをそのまま言ってみよっか」と言ってみました。すると、ともや君は自分なりの言葉で語り始めてくれたのです。

経験は〝みんな〟の中にあるのでなく、それぞれの心の中にあるのです。それぞれの心の中にあるものが、つながったり、縒り合ったりして、物語が綴られていくのです。私たちは、ついつい、大きな流ればかりを意識して、〝みんな〟を見ようとしてしまいます。しかし、大事なのは、一人ひとりが何と出会い、何を感じ、何を蓄えているのかです。それが、周りから受け入れられ、つながると、喜びが響き合い、仲間の一員なのだと自覚的に感じることができるのだと思うのです。

そんなともや君が「大野さんが、海の砂鉄は塩がついているから、洗ったほうがいいって言ってた」と話し始めてくれたのです。

ともや君は遠足の時に大野さんに「製鉄をする前に砂鉄を洗っておいて」と頼まれた時に、他の子たちが「は～い」と答える中で、ただ一人「どうやってあらえばいいの？」と質問していました。私自身も流して聞いてしまっていた言葉だったので、ともや君が立ち止って質問してくれたことに感心しました。そこで、ともや君に「確かに洗い方分からないと洗えないもんね。ともやしっかり聞いて覚えておいてくれよ！」と頼んでいたのです。それをともや君は心の中に留めておいてくれて、冬まつりが終わったことをきっかけに思い出してくれたのです。これは私にとって本当にうれしいことで、「このチャンスを生かしたい！」と思いました。

そこで、その日の帰りの会でともや君に言ってもらうことにしました。

ともや「あのさ、冬まつりがおわったからさ、大野さんがくるっていってたじゃん。大野さんが海の砂鉄は塩がついているから、水であらったほうがいいっていってたからあらわないと」

秀弘「ともや、よく覚えてたね。本当にすごい！　そういえば砂鉄も今の量で足りるって言ってたっけ？」

たける「そうだ！　もうちょっとあったほうがいいっていってた」

秀弘　「今のバケツの中の砂鉄からはどれくらいの鉄ができるんだっけ？」
子ども（声を合わせて）「ペラペラの包丁一枚！」
秀弘　「どうする？　ペラペラの包丁でいい？」
たつひろ「ちゃんとした包丁がいいからあつめにいこう」
秀弘　「そしたら二月一〇日が自宅弁当だから、もう一回砂鉄取りに行こうか？」
子ども「いこう！」

砂鉄をもっと集めておかないと　2月10日　自宅弁当の日

それぞれがビニール袋と磁石を持って出発。もちろんバケツも持ちます。大人は大きな米袋を持参しました。一一月にたくさん砂鉄を取った、近くの磯根崎（岬）の奥へ向かいました。磯根崎を過ぎるとそこは一面真っ黒の砂！

子ども「うあぁぁぁ！　砂鉄だ！」「これも砂鉄、ここもそう！」「ほらみて、砂鉄だんご」

子どもたちは宝物を発見したかのように夢中で砂鉄を取り続けます。一一月に一度砂鉄取りに行った時は、砂浜に漂着したゴミを宝物にと持ち帰った子どもたちでしたが、今日は〝たたら〟という目的を目の前にし、全員が本当に真剣に砂鉄を集めています。

たくさん砂鉄を集め過ぎて、「おもい～おもい～」と後悔する子も。しかし、そんな時は「もうすぐ大野さんが来るぞ！　たたらで鉄を作るぞ！」とかけ声が上がると、再び力を振り絞ってやっとの思いで保育園まで持ち帰ったのでした。

砂鉄は一度タライに入れ、少しずつシートに出して磁石で砂と砂鉄を選別します。この時は電気屋さんでもらった強力な磁石が力を発揮します。今回はたくさん採ってきたので、大人も助っ人に。園長も応援に来てくれ、一日磁石とにらめっこをしてくれました。

その後、ともや君が中心になって砂鉄を洗い始めます。

ともや「タライに入れて水であらうんだよ！　それで、よごれが浮いてきたら上の水をすくって、それを三回くりかえすんだって」

ともや君の顔は本当に生き生きしています。ともやの指導で洗い方が仲間に伝わっていき「ねえ、三回やるんだって」と伝え合い教え合う子どもたち。洗った砂鉄は部屋のストーブの前にシートと新聞紙を敷き、その上に敷きつめ乾かしました。

＊鉄で何を作りたいかの会議　2月17日（大野さんが来る前日）

「手裏剣がいい！」「刀」「包丁」といろんな意見が出ます。その中で、

「しゅりけんはダメだよ！　他人をきずつけたりするやつだもん」「そう！　だからかざっておか

なくちゃいけないじゃん！」「かざっておくのはいやだよ！」「つかえる物がいい」「あのさ、みんなで砂鉄あつめたんだから、みんなでつかえる物がいいよ」「じゃあ、包丁がいいじゃん！」「そうだね」。

子どもたちの思いが、夢から現実のものに変わった瞬間だと思いました。それは、実際にやってみたけれど、今まで、うまくいかないことの連続でした。しかし、あきらめずにやってみたことで一つひとつが確かめられていきました。その経験が積み重なりつながって、今自分たちは鉄を本当に作れるところにたどり着きました。そして、その学びのプロセスが、作品でなく、道具としてこれからも生かせるものがいいという思いになったのではないかと思います。

大野さんがやってくる日！　2月18日

朝から保育園中で、子どもたちは、「今日大野さんがくるよ！」「今日大野さんがくる日だよね？」と会話しています。さくらちゃんの妹のななこちゃん（二歳児の女児）も、部屋に入るなり担任に「今日ね、大野さんが来る日だよ」と言っていました。家で親と会話をしていたのを聞いて二歳ながらも特別な人の存在であったり、特別な日ということを感じ取っていたようです。

そして、ついに駐車場に大野さんの車が入ってくると、「大野さんがきたよ～！」と年中の女児が教えにきてくれました。

たたら炉作り

子どもたちは粘土でお団子作り

「おぉぉぉい　大野さ〜ん！」

とざん組はもちろん、それ以外の子どもたちも、大人も、みんなが出迎えに集まりました。とざん組はすぐに大野さんの手を引いて部屋に連れて行き、自分たちで作った段ボールの炉や集めた砂鉄の説明をし始めました。

さっそく、大野さんと一緒に集めた砂鉄の重さを計ってみることに。普通の計りでは重量オーバーだったので、体重計に乗せてみると……。二五キロ！

大野さん曰く、二五キロあったとしても、砂鉄に含まれる鉄分の量がどれくらいかは、やってみないと分からないとのことです。

たたら炉作り

大野さんが持ってきた鉄板の器の周りに耐火煉瓦を組み、粘土をかぶせ土台を作ります。子どもたちは建材屋のひかる君の父がプレゼントしてくれた土を足踏みや手でコネコネもんで軟らかくして、お団子をたくさん作る役割です。

大野さんが煉瓦を積み、子どもたちがその周りに粘土をつけていきました。

炉の底の部分ができ上がった頃に、

大野「ほら、これが炉の底だよ。ここに溶けた鉄が溜まるんだよ」

炭が下がったら補給だよ

燃料の炭を切る

子　「ぼくたちが作ったのとおなじだ」
大野「そうだね、みんなが作った段ボールの炉も、あまりに本物のようでびっくりしたよ」
子　「これがはぐち（羽口）でしょ!?」
大野「そう！　すごいね！」

自分たちで一度段ボールで作った経験が生きている。本物のたたら炉を目の前にしても、すごいという表情もするが、「やっぱりね、同じだ」という気持ちのほうが大きいように思えた。

一九日の一八時から二一日の本番九時まで、炭を入れ、火を絶やさず炉の乾燥をします。

いよいよ本番！　2月21日

子どもたちは登園すると、お祭り用の法被と頭に手ぬぐい、マスクをして、自分たちで作った段ボールの炉と砂鉄を持って、園庭にしつらえられた、たたら炉まで集まってきます。

安全祈願をしていよいよ製鉄開始です。砂鉄を祈願のお神酒で湿らせて八〇〇グラムずつを計る。大野さんが用意してくれた松炭を、三〜五センチ角にノコギリで切るのは子どもたちです。炭を炉の中に山盛りに入れて、計った八〇〇グラムの砂鉄と、補給の炭を燃焼の様子を見ながら交互に投入。初めは大野さんにタイミングを教えてもらっていた子どもたちでしたが、大野さんから、「この炉の入口の線まで炭が下がったら、炭を入れて次に砂鉄も入れるんだよ」と声をかけてもらいながらやっていると、三巡め四巡めになると、

子ども「あ！　炭が下がった！　入れないと」

と声が上がるようになって、任された責任を、自分たちの役目として夢中で仕事をこなしていきます。

＊ついに鉄ができた！

大野さんが炉の下のほうに穴を開けて不純物ののろを出すと、歓声があがります。その中で、周りで見ていた観客の大人たちが「これが鉄⁉」と話していると、その声を聞いた子どもたちは、「ちがうよ！　〝のろ〟。ゴミなんだよ」「のろのろ出るからのろって言うんだよ」と大野さんから聞いたことを自信満々に教えています。まるで自分も大野さんになっているようです。

砂鉄投入を始めてから三時間。二五キロの砂鉄をすべて投入し終えました。そして、大野さんが火の色を見極めて、ここぞ！　というタイミングで炉を壊し始めました。大野さんや手伝う保育者の真剣な姿に、離れて見ている子どもたちも息をのんで見守っています。そして、ついに炉の中か

鉄ができたー　！！！

のろ出し

ら真っ赤な塊が出てきました。大野さんが水の中にその塊を入れると、ジュワジュワーッ！　と音をたてて水が沸きたちます。

しかし、水から出てきたのは真っ黒な塊。

大野　「ほら、これが鉄だよ」

子ども「え⁉」

思い描いたものと少し違った物体を見て固まる子どもたち。大野さんに「磁石をくっけてごらん」と言われて、私が代表で磁石を付けてみると、見事にくっつきました。

「おぉぉぉぉくっついたぁぁぁぁ！　鉄だ！」

とざん組の子どもたちだけでなく、周りの大人たちもみんなで万歳をして喜び合います。中には「鉄ができた、鉄ができた」と涙を流して喜ぶ子もいました。順番にできた鉄に磁石を付けて喜びの実感を味わう子どもたち。「お～ついた！」「お～ほんものだ！」。

次の日にできた鉄を計ってみると、三・九キロ。二五キロの砂鉄から三・九キロの鉄が生まれたのでした。

鉄会議　2月22日

「できた鉄で包丁を作ってほしい」と大野さんにお願いをすると、

大野「包丁と言っても片刃と両刃があるんだよ。みんなはどっちがいい？」

子ども「？・？・？・？」

大野さんは絵を描いて説明してくれます。

大野「包丁には大まかに分けて出刃包丁のような片刃と、三徳包丁や菜っ切り包丁の様な両刃があるんだよ」

とそれぞれの使い道についても詳しく話してくれました。

はるの「なんで先がとがっているの？」

大野「とがっているのは、切るというより刺して裂くためのものなんだ。だから肉とか魚とかに使うことが多いよ」

みく「にんげんも肉だよ」

じゅんき「それじゃあ手とかきれちゃうし、あぶないよう」

秀弘「できた包丁でみんなは何を切るんだろうね？　みんな和光で今までどんなものを切ったこ

とがある？」
のあ　「きゅうり、とまと、なす、いちご、すいか」
みく　「あ！　やさいとかばっかりだ」
ほのか「それじゃあ菜っ切包丁がいいよ」
子ども「いいね～」
大野　「そしたら菜っ切包丁に決まりだね、名前はどうする？　僕たちが刀を作る時は名前の刻印を入れるんだよ」
たけし「とざんがいい」
たかゆき「とざんぐみがいいよ」
大野　「どっち？　昔からの縁起で三文字のほうがいいようだけど」
秀弘　「みんなは今度小学校に行くから漢字で登山組ってのはどう？」
子ども「いいね～！」

「登山組」と、大野さんの刻印も入れてもらうことになり、『登山組　兼正』と包丁に銘を入れてもらうことになりました。

できた鉄三・九キロを大野さんに持ち帰ってもらい、さらに鍛えてもらうことになりました。大野さんが帰ると聞いて、午睡の支度の三歳児までが、慌ててパンツ姿で出てきて見送る姿も見られました。とざん組だけでなく、他クラスの子たちもいろいろな場面で大野さんと出会い、とざん組と一緒に五日間を共に過ごして、憧れをいだいたようでした。「大野さんありがとう」。みんなで見送りました。

大野さんが帰った午後　たたらごっこが始まった

庭で穴のあいたドラム缶を立てて数人が覗き込んでいます。

秀弘　「何してるの？」

ひかる「今ね、さいごの砂鉄をとうにゅうしたところ」

ドラム缶の中に木片を入れて鉄に見立て、、砂鉄と炭に見立てた砂をシャベルで交互に入れています。

るうく「みんなぁぁぁぁはなれてぇ！　あついからやけどするよ！」

ドラム缶を勢いよく倒すと、即座にシャベルで木片を選り分けます。

たけし「どいてどいて！　あついからね！」

たける「やったぁぁぁぁ鉄ができた」

秀弘　「どれどれ？　何キロかな？」（触ろうとすると）

たくと「だめぇぇぇ！　あついからやけどするよ」

一二月の「和光鉄研究所」の、段ボールで作った炉の説明では「できた鉄はこれです」と鉄の塊を手で持って高く掲げていた子どもたち。本物のたたらを経験して熱さを感じ、大野さんや大人の真剣な姿を感じたことによって、〝できたての鉄は熱い〟ことを生で学びとったようでした。たたらごっこをする子どもたちの背中に大野さんを感じ、本当に子どもたちが輝いて見えたのでした。

鉄の鍛錬　3月11日

ここまで自分たちの力でやってきたのだから、できた鉄が道具として形になっていく工程も見せてあげたい！　そうでなければ意味がない！　担任からのお願いと大野さんの想いがつながって、大野さんが再び鉄の鍛錬を見せに、遠く岐阜からやって来てくれました。

江戸時代のふいごを修理して持ってきてくれたのは、大野さんの〝本物を〟というこだわりです。トンテンカン、トンテンカン。村の鍛冶屋の歌の風景が目の前に再現され、リズムよく響く音に子どもたちもワクワクしながら見つめます。真っ赤な鉄を見て「あっ！　遠足の時に大野さんがやってたのと同じだ！」。脇ではさっそく木片を使って鍛錬ごっこが始まりました。

「お前こっち押さえてろよ」「いいか？　うつぞ」「トン・テン・カン……」。憧れを真似て、学ぶ子どもの意欲はたいしたものです。

鉄の鍛錬　トンテンカン　トンテンカン

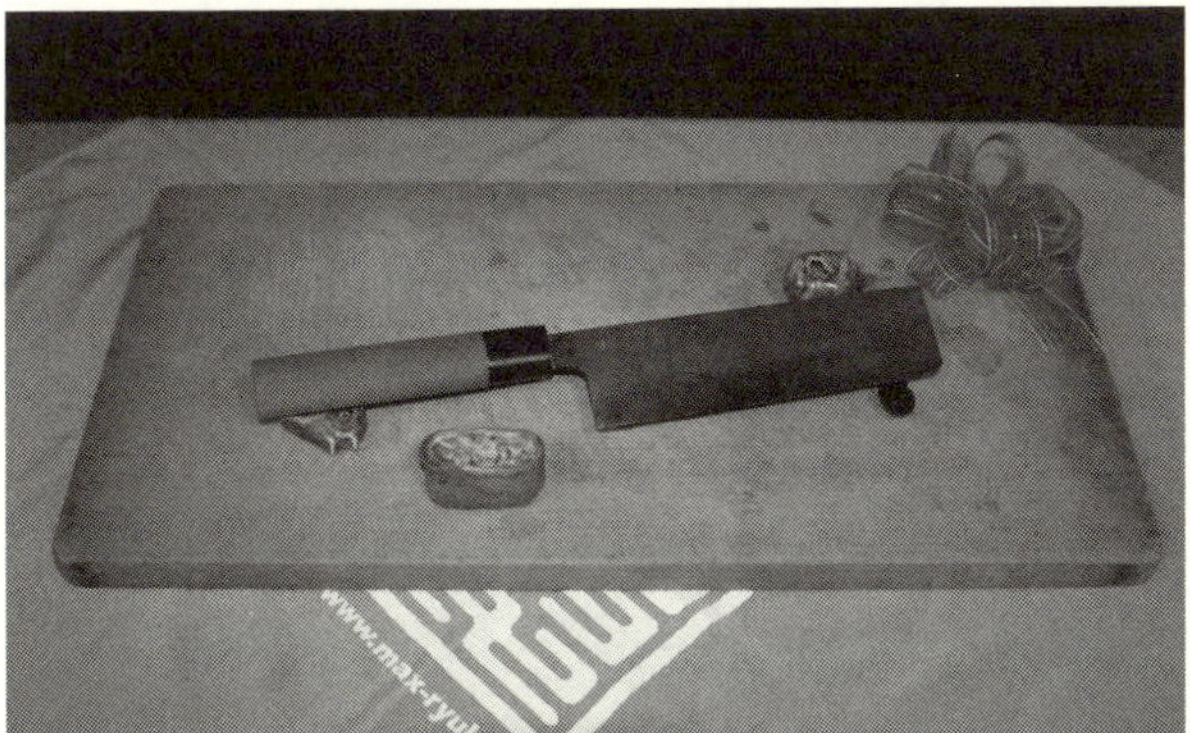

大野さんから届いた包丁

大野さんへの手紙　3月24日

包丁が届きました。卒園式の前日に間に合いました。ありがとうございました。さっそく子どもたちと一緒に封を開くと立派な包丁が現れて、子どもたちは「おぉぉぉぉぉぉぉ！！！」と大きな歓声をあげました。

「みんなの集めた砂鉄が包丁になったね」と担任が言うと「すごい、すごい」と抱き合って喜んだ子どもたちです。回して一人ずつ持ってみると、『登山組』の刻印を全員が一文字ずつ指さして確かめています。そのワクワクした顔を大野さんにも見てもらいたかったです。

園長がふざけて、「なんか使うのがもったいないから、飾っておこうか」と言うと、子どもたちは口をそろえて「それじゃあ意味がないんだよ」「使わないほうがもったいないよ」と言い返していました。自分たちで一つひとつ積み上げてきたからこそ、『作品』でなく『道具』としての包丁という思いにたどり着いたのですね。

今日は保育園生活最後の日です。台所に「包丁が届いたので何か切らせてください」とお願いに行きました。そして、「今日のお昼に出す、サラダのきゅうりとリンゴとデザートのバナナを切ってください」とお願いをされたので、『登山組包丁』で切りました。「一番に切りたい人!?」に全員が「ハ～イ」。順番について子どもたちと相談の結果、恨みっこなしのじゃんけんで一番を決めることになりました。ところが、なんと一番になったのは最初に火を熾したいと言ってきたひかるだったのです。不思議なめぐりあわせですね。

そして、いよいよ記念すべき第一刀。包丁がきゅうりに入った瞬間、「やった～」と、みんなからまた喜びの声が上がりました。「切れやすい」「なんか置いただけで切れた」「重いね」。

とざん組の火熾しから始まった学びの物語は、お陰さまで、今日無事に終わります。学びの物語の中でたくさんの方々と出会い、いっぱい助けや知恵をもらいました。「鉄博士」になったことはもちろんですが、何よりあきらめずにやってみることで、学びの物語がつながっていくこと、学びの主人公は自分たちなのだということを経験できたことが貴重です。それは、大人も同じです。大野さんという心から憧れられる方と出会えて、共に過ごせた時間は、子どもたちの宝です。本当にありがとうございました。

学びの意欲を育てる保育者の役割

火熾しに興味をもった子どもたちの当初の活動が、このような物語に発展していくとは、誰一人予想していなかったことです。

私たちの保育園では、子どもたちの「学ぶ意欲」を支える保育を大切にしています。そのために保育者は、子どもたちの「学んでいる姿、学ぼうとしている姿」に関心を向けて、その学びの物語を記録に録り、保育者同士で語り合い、分かち合うことに時間を割きます。そこでの視点は、子どもたちが学びの主人公になれているのか、学びがより確かなものに、また力強いものになるには、保育者はどのようなサポートができるのかということです。大切なことは、学びの課題を大人が先行させてそこに向かって子どもたちの活動を引き込むことではないということです。気をつけないと見過ごしてしまいそうな普段の生活の中にも、学びの姿や意欲がたくさんあります。

学び育つ子どもと、今を共に生きながら、子どもたちと一緒に学びに意欲をもって、学びの可能性をあきらめずに探していく過ごし方は、遊びや生活を創造的に変え、子どもたちばかりか大人たちをもワクワクさせるものです。

「学びへの意欲」は、生涯を通じて持ち続けていたいことです。「あれ、不思議だな」「面白そう」「もっと知りたい」「〇〇のように上手くなりたい」など、好奇心や憧れを意欲にして、学びの可能性をあきらめないで探し調べていく、確かめてみる。するとだんだん分かってくる。そして分かった、と学んで分かるようになる。その手応えを感じ取り、ワクワク創造的に生きることは、面白くて、うれしくて、楽しいことなのだということを、乳幼児期からたくさん経験して育つことができたら、それは生涯にわたって創造的に生きる宝物を手に入れたと言っても過言ではないと私たちは思うのです。

学校に行っても……

小学校に行ったともや君が、五月になって保育園に遊びに来てくれた時に、お母さんから聞いた話です。

小学校の授業で、鯉のぼりや五月飾りの話題になった時に、先生が子どもたちに「なぜ鯉のぼりは子どもの日にあげるのか知っている?」と聞いたそうです。それに答えられない子どもたちの中で、ともや君が「僕分からないけど調べることができるから調べてあげる」と言ったのだそうです。そして、お家に帰り、お母さんと一緒にインターネットや本を使って調べて、「中国の伝説にある、鯉が滝を昇って龍になったことにならって、子どもが大きく育ってほしい願いを込めて子どもの日にあげるんだって」と先生に教えてあげたのだそうです。それには先生もビックリしていました。とのことです。

ともや君は、知っていることが増えること以上に、分からないことを調べることに楽しみや自信を感じているようです。自らの関心で学び、分かっていった手応えが、今の彼の心の中から湧いてくる意欲になっているのです。

また、一昨年の夏。四年生になったこうだい君とたくと君が、「ひで君いる?」と久しぶりに遊びに来てくれて、唐突に「走るの勝負しようぜ」と言ってきました。「オレたち野球とサッカー始めたんだよ、それで足が前より速くなったからさ」「それで、年長の時さ、走るのとか勝負したでしょ?　あの時勝てなかったから、今なら勝てるかもって思ってさ」。

こんなにうれしいことはありません。私は、本気の走りで彼らの気持ちに答えました。

一緒に走った後、「やっぱ速えぇ」「ぜんぜんだめだ」と笑いだす二人でした。走り終えて二人とお茶を飲みながら、私はこの子たちが鉄研究のことをどう覚えているのか興味が湧き、「ところで、鉄研究やったでしょ？　覚えてる？」。こうだい君が「あ〜包丁作ったやつだよね、あんまり覚えてないな。でもさ、オレさ、火熾しが一番楽しかった」と教えてくれました。

この子たちの心の中には、何をやったとか、何を学んだということは多くは残らないのだと思います。こうだい君自身が〝楽しかった〟と言っていた火熾しも、火熾しのやり方が経験として残っているというよりは、あの時の〝ワクワク〟が残っているのだと思います。

小学校四年生のこの頃は、心が大人に向かっていく時期でもあります。彼らの心の中でも、いろいろな思いが複雑に渦巻いていることでしょう。そんな時に、自分だけで閉じてしまうのでなく、確かめてみたいと、二人で相談して保育園まで足を運んできてくれたことが、何よりうれしいのです。そうやって、いつまで経っても彼らが関わりの中に生きていて、何かをやりたいと思い立った時に、〝思いを共にする仲間〟がいれば、どんな困難なことがあっても、彼らなりに乗り越えてくれるのではないかと私は思い、信じています。もし、自分たちだけではどうしようもなければ、あの子に相談してみよう、それでもだめなら親や先生、そして「和光の秀さんのところに行ってみよう」と思ってくれたら。そうやって、自ら希望のある未来を描き、実現するために工夫し続ける人であってほしい。これからもずっと。

大野さんにとざん組が卒園する前に送った写真（冒頭のもの）と手紙には、「これで鉄研究の物語は終わります」と書きましたが、こうやって、とざん組の子どもたちの物語はまだまだ続いています。

2章

正解のない道

「子どもが主人公」を支える大人たちの葛藤

はじめに

子どもは、そもそも自ら育つ力を内に秘めています。育ちたがっています。周りの環境（自然や文化・文化財、人など）と関わる中で、自ら「面白そう　やりたい」と心を動かし（興味・関心）、それが動機となって、できない自分と向き合い、矛盾を感じ、その矛盾を克服しようとします（葛藤）。自ら変わろうとするのです。そんな時に私たちは子どもの命の輝きを感じとり、生き生きした姿の中にその子の育ちの事実を読み取っていきます。

生き生きとは、言いたいことが言える、泣きたい時に泣ける、やりたいことに夢中になれる……つまり、ありのままの子どもの姿が現れている状態です。ありのまま同士だから衝突もあるけれど、互いの違いと葛藤し、互いの違いを認め合い、調整どころを探し続けていきながら、一緒にいたいと思えるようになります。

大人の一方的な価値観で、いい子、悪い子と分けるのでなく、そもそも「みんな違う」ことを前提にしたいと思うのです。それぞれの行動にそれぞれの意味があるわけで、だから、思いをくみとったり、会話をしたり、間合いを計ったりしながら、「違いを受け入れ合う」「違いを大切にし合える」「違いを面白がれる」関わりを考えます。その子に即して分かってあげなければ、その子の支えにはなりません。

ところが、当の大人も違う一人の存在なので、向かい合ったその子のことが容易には分かりません。大人としてこうなってほしい思いはある一方で、子どもが自ら育とうとしていることを受け止め、支えたいと思います。「こうなってほしい」けど、子どもは自分と違うから、自分の思うようにはならないし、してはいけない……「自ら育つ力」を信頼するものの、任せすぎではないか？どこまで助けたらいいのか？ 今がその時か？ と自問自答をくり返すことになります。

この章では、そんな私たちの葛藤する今の姿を紹介します。

掲載した文章は、担任や関わった大人がまず記録を書き、その記録を職員全員が読んで記録検討会をもちました。その話し合いで語られたことなどをもとに、後半に私（鈴木秀弘）が気づきや学びを書くという形になっています。

1 「やりたい！」と思える。思ったらやれる――を支える

一歳児のボール投げ、柵登りをめぐって

一～二歳の時期、活発な探索活動に象徴されるように、歩ける、手が自由に使えるようになった子どもたちの好奇心はグッとふくらみます。面白そう、試してみたい、大きい子のまねをしてみたい……子どもの中からわき出る能動性をたっぷりと尊重してあげたい。でも、危険や、困った行為もつきものだし、物事へのわきまえも少しずつ身につけてほしい。大人たちの葛藤の始まりです。

●主な登場人物
一歳児クラスの子どもたち（一一名）
由美子さん（百石由美子、〇・一歳児担任、保育歴一七年）
カーコさん（鈴木香織、〇・一歳児担任、保育歴七年）

ボールとって！（記録者　百石由美子）

四月、新年度が始まって間もない頃、ブロックやぬいぐるみなど、部屋の玩具がデッキの柵の隙間から落ちてしまったり、柵の上に置いていたものが落ちてしまうことが時々ありました。

この頃は、乳児棟の庭と幼児たちの庭の間の垣根に、乳児棟にいる子のお兄ちゃんやお姉ちゃんたちが、頻繁に弟や妹の様子を見に来ていたので、その子たちに「とって」と大人が声をかけていました。その度にお兄ちゃんお姉ちゃんが玩具を拾って渡してくれるので、私たちは、その都度、「お部屋のだからポイポイしないで」とか「お部屋の落ちちゃったね」と言葉では伝えていましたが、だんだんと、〈落としたら（投げたら）拾ってもらう〉のやりとり自体が楽しくなってしまったのか、どんどんとエスカレートしてしまっていました。

〝困ったな〟と思いながらも、入園間もない子どもたちにとって、外にいるお兄ちゃんお姉ちゃんとのやりとりも、心の支えとなっているだろうと思っていたので、声をかけながらも、無理に止めることもできず、中途半端な対応の日々が続いた。

その日（四月一〇日）、お昼ご飯を食べ終わった子たちがテラスに出始めていて、テラスでボール投げを始めていることには何となく気づいていました。

様子を見に行ったカーコさんの「ワ～ォ！」という声で、私もテラスに出て行って見てみると、庭一面にボールが散らばっているではありませんか。カーコさんはすかさず部屋にカメラを取りに行き、その光景にカメラを向けていました。

その様子は、「本当に、よくぞここまでやってくれました！」という感じです。大人が見ている時は、その都度「ポイポイしないでね～」などと声をかけてしまいますが、この時ばかりは、もう「仕方ないな～」と笑い飛ばして、子どもたちの「やったゾ感」を、私たちも一緒に味わえたような気分でした。

……………

投げ放題し続けていた時はどんなふうだったのかな？　きっと夢中になって面白がって、いい顔をしていただろうな。ただただ笑い出したくなる気分だった。

この日は、お兄ちゃんお姉ちゃんもお昼ご飯を食べている時間帯で、垣根のところにはいなかったので、大人が庭に出て集めて、濡れた布できれいに拭いて元の籠の中にしまっていきました。

入園間もなく、朝涙していることを思うと、大人の声に止められることなく、思いっきり投げまくったその瞬間は、寂しさもどこへやらで、保育園もなかなか面白いところだな～と思えた瞬間でもあったのだろうと思います。

この日は大人も「アララ、いけないんだ」といった言葉がなかった日でもありましたが、その後も時々玩具を落として〈取ってもらう遊び？〉がくり返されました。遊びだからやらせてあげたいですが、なんでもよしでもないので、子どもの前でその都度拾っては、拭いたり洗ったりをくり返しながら、「お部屋汚れちゃうからね」と子どもに声をかけながら、こういう会話もどこかで耳に残してあげたいな～と思いました。

柵登りをめぐって（記録者　鈴木香織）

五月、新入園の子どもたちも徐々に生活に慣れ、大人から少し離れて探索が始まった中で、外テラスの柵に足をかけてよじ登る子どもたちの姿がありました。中には落っこちてしまいそうになる子もいたので、子どもたちが柵に足をかける度に「あぶないよ」「落ちちゃうよ」と声をかけながらも、何で足をかけたくなるんだろう？　何で登りたくなるんだろう？　と考えていました。

下を覗き込んでどうなっているのか確かめたいのかな？　手すりにお腹をのせることでおさまりがいいのかな？　ただ登りたいだけなのかな？　何かきっかけがあったはずですが、本当の理由は分かりませんでした。しかし、この子たちの、柵を目の前にして湧き立った〝登ってみたい〟という〝気持ち〟は大事にしてあげたいとも思いました。

やらせてあげたい、だけど落っこちてケガをさせたくないな……でも経験も大事……。いつも、足をかけたら止めていたが、もしかすると上まで登ってみれば満足するかもしれないな？　いや、やっぱりバランス感覚もまだ危ういのに、これは危険だな……やっぱり最後までやらせ

……てあげられないよな……。

登りたい理由も分からずしばらく過ごしていましたが、とにかく、やりたくなって登っている時には必ずそば（背後）にいて、すぐ手が伸ばせるような距離感で「落ちちゃうよ」と声をかけながらも、見守っていきました。この時は、本当に成すすべもなく、子どもたちのそのよく分からない、やってみたい気持ちに極力つきあってあげたいという思いだけで過ごしていましたが、そうしているうちに、いつの間にか柵を登ることはブームが去ったようになくなっていきました。やるだけやって、満足したのでしょうか？　この時は私たち大人もただ夢中で向き合っていましたが、子どもたちが登らなくなるにつれて、子どもと同じように私たちの関心も別のことに移っていきました。今思えば、保育園にも少しずつ慣れてきて、外に出向いていろんな興味と出会う場面も増えていった中で、やりたい気持ちを発散する別の機会が増えてきたこともブームが去る要因の一つにあったと思います。

（記録者　鈴木香織）

ふくろう組（年中児）の姿に憧れて……

乳児棟のテラスの目の前にはやまびこ広場（巻頭イラストマップ参照）があって、その斜面を利用して、夏のプールに使う太陽光で温められた温水を溜めるタンクが埋められてあり、それを覆うようにデッキが設置されています。

年中さんに憧れて…　ボードフォリオより

運動会（この年は一〇月一一日）がすぐそこまできている頃、ふくろう組（年中）の競技の中で、そのデッキから飛び降りて走っていくという競技がありました。毎日のようにそこからジャンプして練習しているふくろう組の子どもたちの姿を特等席で見られるひな組（一歳児）です。

そんなふくろう組の姿を見た子どもたちは、四、五月の頃のように、再びテラスの柵登りをやりだしたのです（写真）。

ひな組の子どもたちは本当によく見ていて、目の前の年中さんを鏡で映したかのようにまねしていました。力や勢いも春に比べついてきていてダイナミックになってきているので、さらにヒヤヒヤしますが、春の頃とは違って感心して向き合うことができました。それは、ただ柵を登りたい……ではなく、年中の子が柵を登るのに合わせて、登り下りする姿に、ひな組の子どもたちがふくろう組の姿に惹かれて、自分たちだってできるぞと言わんばかりに柵を登っている姿に見えたからです。

私は「危ないよ～」と声をかけつつ、ヒヤヒヤしながらも、この子たちの今のこの気持ちを一緒に楽しんでみようと思い、今回もすぐそばで見守ることにしました。やりたい気持ちが満たされれば、また次の興味に移っていくだろうという見通しも持ちながら、子どもたちの意欲と向き合い、共に楽しめる関係でありたいと思いました。

〝関わりたい〟気持ちを支える（記録者　鈴木秀弘）

子どもたちの行為の中に秘められた、その時々の〝やりたい〟という気持ちは、周りの環境から何らかの影響を受けて起こっているものです。その影響に対して、その子が〝関わりたい〟と思ったことが〝やってみたい〟の源にあるのではと思います。

ボールを庭に投げるのが楽しくなった子どもたちも、初めは玩具が柵の下に落ちてしまったことから始まりましたが、落ちるたびに拾ってくれるお兄さんお姉さんとの関わりが面白く、次第に関わりたいから落とす（投げる）ようになっていきました。お昼ご飯の後にボールを庭に投げた時も、そういう関わりの中でふくらんだ楽しみが、ボールを目にしたことで思い出され、思わず投げたくなってしまったのだと思いますし、友だちがボールを投げる姿を〝面白そう〟と思い、まねる間にも〝関わり〟があります。

また、ふくろう組がデッキから跳び下りる姿をまねて、目の前の柵に登る姿にも、ふくろう組に関心をもっていることが伺えます。

その〝関わりたい〟相手は、人だけに限られません。目の前の玩具、ボール、柵を見たら心が動き、触ったり、投げたり、登ることも、関わりです。

子どもたちはそうやって目の前に現れる物事と出会い、それに対して自らの身体を使って〝関わる〟ことで世界と出会い、さまざまなことを学んでいきます。

そう考えると、前述の物語のような、大人から見たら〝困った〟子どもの行動も、子どもの〝関わりたい〟気持ちの現れなのですから、画一的にダメとするのでなく、子どもの心に湧き立つ気持ちをくみとりながら、どう支えるかを、その都度々考え、合わせていかなければならないのだと思います。

子どもが自らの命を輝かせる環境を用意する

　子どもは、周りの環境と関わりを持つことで自らの世界を広げ学び育ちます。ということは、学び育つために、どういう環境を用意してあげたらいいのかは、私たち保育者のもっとも大切な課題の一つだと思います。和光保育園に見学に来られた方々から「子どものケガは心配ないのですか？」とよく聞かれます。高いところに登ったり、地面に深い穴を掘ったり、興味に引っ張られていろいろ挑戦を繰り広げ、ワクワク・ドキドキを楽しむ子どもたちです。危険防止との折り合いをどのようにつけているのか、私たちの考えを整理してみました。

●主な登場人物
ゆうせい君（四歳児クラス）
瑞季さん（佐藤瑞季、四歳児担任、保育歴八年）
〈記録者〉鈴木秀弘（副園長）

危ないもの？　やらせてあげたいもの？

園庭南側に小高い雑木林の広場があり「やまびこ広場」と呼んでいます（巻頭イラストマップ参照）。やまびこ広場には二本のターザンロープが木からぶら下がっていて、一本はかなりの高さがある土手から乗るもので、もう一本は地面にドラム缶を設置して、その上から乗れるようになっています。ターザンロープは子どもたちにとって挑戦心をくすぐるもので、できる子どもたちにとっては、土手の傾斜や段差を利用してさらにワクワクするような挑戦を掻き立たされるものであり、その姿を見ている周りの子どもたちにとっても、「いつかやってみたい！」と興味を引き付ける魅力のあるものだと思います。

しかし、見学に来られた方からは「やまびこには危険な箇所がたくさんあり見ているとハラハラしますが、怪我が多いのでは？」と質問を受けます。そういう質問に対して私たちがいつも思うのは、初めて目にする人の印象と、普段生活を共にしている私たちの子ども理解とは違うということを前提に考えてほしいということです。私たちも一度もターザンロープをやったことがない子が、いきなりドラム缶や高い土手の上からやろうとすれば、「大丈夫？」と声をかけます。しかし、一人ひとりに挑戦するまでのプロセスがあるので、その子と保育者との信頼の塩梅があり、「この子は大丈夫そうだな」とか「この子はまだ危なっかしいな」とか、その子に応じた関わり方の違いをそのつどつどの判断を迫られながらつきあっています。

一度興味が湧き「やってみたい」と思うと、怖さがあっても挑戦したくなるという気持ちは誰もが経験したことがあるのではないかと思います。さらに言うと危険であればあるほど挑戦意欲をくすぐるといったこともあります。そういうことと向き合っている時こそ命は輝き、生きている実感が得られるのではないでしょうか。もし、それを大人が「危ないからやめなさい」と言ったとしても、子どもたちの挑戦意欲は簡単に抑えられるものではありません。むしろ、私たち保育者としては「子どもが自らの命を輝かせるような環境を用意してあげたい」と思っていますから、危ないからといって、「やらせない」のでなく、危ないのだけど「やらせてあげたい」を選ぶのです。だからと言ってなんでもかんでも見守ることが大事ということではありませんが、子どもと関わる中で感じるのは、子どもは大人が思うほど無理はせず、自分で危険だと思うものには慎重に関わっているということです。

「できた」を巡る思いの違いを受け止めて

これは四歳児の担任の瑞季さんが聞かせてくれたお話ですが、四歳児のゆうせい君もターザンロープを「いつかやってみたい」と思っていた一人のようです。

今まではターザンロープというよりも、大好きな仲間たちと木の棒や葉っぱをテープでくっつけて、剣や銃を作ってテレビに出てくるヒーローになりきって、園内を駆け回っていることが多かった印象ですが、最近はひとけのない時間を見計らってやまびこ広場に行き、ターザンロープに挑戦している姿を目にするようになりました。そんな姿を担任の瑞季さんも「ターザンに興味が向いたのだな！」と微笑ましく見守っていました。

何日か経ちました。突然やまびこからゆうせい君が瑞季さんのもとに駆け寄って来て「お〜い、ターザンできるようになったから！　見にこいよ！」と呼びに来たそうです。まるで友だちに言うような言いっぷりにゆうせい君の並々ならぬ自信が込められていると感じたので、瑞季さんも期待が湧き、「すごいじゃん！　見せて見せて」とやまびこに喜び勇んで走っていきました。

やまびこに着くと、さっそくゆうせい君はドラム缶を利用して乗るほうのロープを手に取り、地面の上で足をロープにかけ始めました。そして、自信満々に「いくよ」と言い、ロープに身を預けます。瑞季さんは、ゆうせい君のさっきの言いっぷりを聞いて勝手に「ドラム缶の上からできるようになった」と思い込んでいたので、一瞬拍子抜けしましたが、グッとこらえて見守ったそうです。すると、ゆうせい君が足をかけたその地面は、緩やかな斜面になっていて、その斜面に合わせるようにゆっくりとターザンロープは動き始めました。瑞季さんは、ゆうせい君の得意気な表情を見て「おぉすごい！」と声をかけたそうです。そんなゆうせい君と瑞季さんの様子を見て、周りで見ていたみんなも次々に「やりたい」と列ができました。

これは、後で瑞季さんともう一人の担任と私の三人で話している中で気づいたことです。

「ゆうせい君はまず足をかける練習を地面でしていたのだけど、足を入れたらロープが動き出したのではないか。本当はドラム缶の上からやりたい気持ちはあるのだけれど、今はロープに乗れたことを『できた』ということにしたのではないか」

ゆうせい君の「できた」という言葉をそのまま受け止めた行為には未来への希望があると私は思います。その言葉の奥にある、『いつかはドラム缶の上からやりたい』という思いを、ゆうせい君の【願い】として一緒に受け止めているのです。ですから、瑞季さんの「すごい」には、この後にゆうせい君自身がその【願い】に向かうための励ましの言葉にもなっているのです。

多様で複雑で刺激的な環境

一ヵ月ほど経ちました。久しぶりにやまびこに行ってみるとゆうせい君に出会いましたので、「ターザン見せてくれない?」とお願いしてみると、快く「いいよ見てて」と答えてくれました。私は期待半分でどこから乗るのかな? と見ていましたら、ゆうせい君はずいぶん高い土手の上に登り始めます。思わず「おぉすごいな、ちょっとドキドキするけど大丈夫?」と聞いてしまうほどでしたが、ゆうせい君は「ぜんぜんだいじょうぶだよ!」と力強く答えてくれたので、私はゆうせい君を信頼することができました。そして、見事にロープに体を任せて、楽しそうに風を切っていました。

ロープから降りたゆうせい君に「いつの間にそんな高いところからできるようになったの?」と聞くと、「はじめはじめんでつぎはこの根っこのところで、つぎはドラム缶の下で、そのつぎはドラム缶で、いまはこの上(土手)」と詳しく説明してくれました。

ゆうせい君に教わったことですが、やまびこのターザンロープの周りには、実に多様な斜面や段差があり、子どもたちは自分でできそうな場所を選んでそこから挑戦しているようです。雨で土が流されたり、子どもが遊んでいるうちにできた自然の乗り場は、大人がよかれと思って作った単純な仕組みのものとは比べようがないくらい、多様で複雑で刺激的な環境です。子どもはそうした複雑さを身体で探り、「やりたい」と思ったことを実現するために必要な条件や更なるスリルを選び取り自分のものにしていくのです。

そういう姿の中に、子どもたちの命の輝きが見えてきます。命を危険から守ることも大切なことですが、子どもたちが自らの命を輝かせることができるような環境を用意して支えてあげることが、私たち大人の役目なのではないでしょうか。

やまびこ広場

2 大人との間で安心できる関係――を支える

「分かったつもり」にならずに「分かりたい」とし続ける

やりたいことをやれるためには、子どもたちが安心して自己表現できることが必要です。この安心感が自己肯定感が持てることにつながっていくのだと思います。そのためには、〈場〉に受け入れられることと、〈人〉に受け入れられることが条件です。〈場〉に関しては、やってみたくなるようなモノ（道具）、コトと見守る人が関係します。ここでは、〈人〉に関わって、「分かり続けようとする大人たちのあり方が、子どもの安心感を育む」ということを、気づかせてくれたエピソードを紹介します。

●主な登場人物
みなみちゃん（三歳児クラス）／ちはるちゃん（三歳児クラス）
純子さん（榎本純子、三歳児担任、保育歴四年）
さやかさん（川船さやか、三歳児担任、保育歴四年）
〈記録者〉川船さやか

キーンコーンカーンコーン……お昼の鐘がなり、多くの子がご飯を食べに部屋に戻ってきていました。みんなより遅れて、一緒に遊んでいたちはるちゃんとみなみちゃんが庭から帰ってきました。私（川舩さやか）が「遊んでたおままごと片づけてきた？」と聞くと、「あ！ わすれてた」と言って、二人はもう一度外へ戻っていきました。

しかし、一〇分、一五分……と経ってもいっこうに帰ってきません。そこで二人の様子を見ると、片付けをせず、うんていで遊んでいる姿がありました。

さやか「二人とも～キンコンカン鳴ったから急がないとご飯なくなっちゃうよ～。お台所さん困っちゃうよ～」

二人　「は～い。わかってる～」

しばらくするとちはるちゃんだけが部屋に戻ってきました。

さやか「ちはるちゃん片付け終わった？」

ちはる「……」

みなみ「ちーちゃ～ん、まだおわってないよ～」と庭から声をかけに来ました。

ちはる「わかったよ～」

二人はまた片付けに向かい、最後まで片付けると、ようやく二人は部屋に戻ってきました。

ご飯を食べたり、食べ終えた子が着替えをしているのを見て「いそがなくちゃ！」と駆け足でトイレに行き、雑巾がけをするちはるちゃん。一方みなみちゃんはというと、あっちへふらふら〜こっちへふらふら〜。ご飯を食べている子に話しかけたり、ちょっかいを出してみたりとご飯へ向かう気配がありませんでした。

自分の目当てでご飯を食べる

お腹が空くまで遊ぶ

和光では、〈お腹が空くまで遊ぶ〉を大事にしようということで、ご飯を食べるタイミングは子どもたちに任せています。それは、たっぷり遊んでお腹が空くのを感じてもらい、そこでご飯を美味しくいただく……という、人間本来の生理を育んでもらいたいのが一つ。そのうえで、食べるという生命体として最も根源的なことを自分で判断して決めてほしいという願いからです。きのぼう組（三歳児クラス）でも初めは、「お腹が空くまで遊んでおいで」と子どもたちに声をかけていましたが、年少にとってはそうした「あいまいさ」はまだ耐えられません。子どもに判断を任せることを前提にしながらも、保育者が気持ちの切り替えのきっかけを作りながら、少しずつ自分で判断する場面になじんでいけるような見通しが必要だと感じていました。

そこで、まだ時計を読むことが難しい子どもたちにも分かりやすい「目安」があればと思い、ここまでには食事につこうという、最終的な目安を一つみんなの中で決めてみるのはどうかと考えました。

「思いっきり遊べて、ご飯も食べられて、お昼寝もできる。そんな時間の目安を作るのはどうだろうか?」と、子どもたちに相談してみると、二歳児からの継続の子どもたちから、「キンコンカンの音にするのはどう?」と出ました。キンコンカンとは一二時に市内に流れる鐘の音で、二歳児の時もこの音が大人と子どもの一つの目安でした。こうして、きのぼう組でも、この一二時の鐘の音が鳴ったら片づけてご飯を食べようということになりました。この最終的な目安を決めたことで、子どもたちも大人を気にするのではなく、遊びに向かうのも食事に向かうのも、自分の意志で決めて動けるように少しずつ変わってきているように感じていました。

遊びを終えるタイミング

そんな中でのこの出来事でした。ちはるちゃんとみなみちゃんの二人ともこの鐘の音のことはもちろん知っていたと思いますが、あまりにも片付けに時間がかかり、すでにご飯を食べ終えて、お昼寝の準備をし始めている子もいるくらいです。二人に対して、私たち担任はそれをあいまいにはしたくないと思い、食器やご飯を配膳テーブルから下げることにしました。

雑巾がけが終わり配膳テーブルの前に立ったちはるちゃん。

ちはる「なんでおさらがないの？」
純子「だってキンコンカンなってからすごーく時間たったでしょ、お台所さんが片付けられなくて困っちゃうから返したよ」
ちはる「なんで？」
純子「約束だったよ。ちはるちゃんは何やってたの？」
ちはる「あそんでた」
純子「そうだよね。私も遊んでるように見えたから、片付けたんだよ」

純子さんはそう話しながら、それでも遅くなっちゃったからとみんなに追いつこうと急いでいるちはるの姿も感じていたので、次に向かっていこうとする気持ちを大切にしたいと思ったそうです。
ちはる「こんどはキンコンカンなったら、ぱぱってかたづける！」
純子「分かったよ。信じるね、頼むね」
と伝え、一度配膳台から下げたご飯をちはるちゃんに手渡しました。

一方、みなみちゃんは雑巾をゆっくりとかけたり、ちはるちゃんと大人との会話を傍らで聞きながら、「何してるの？」と声をかけてくる子に、「まだご飯食べてないんだ〜」と、悪びれた様子もなく答え、ふらふらしていました。しかし、ちはるちゃんがご飯に向かうと「みなみのお皿は〜。

お皿ちょうだ〜い！」と言ってきました。

みなみちゃんは、ご飯が下げられたことについてはどう思っているんだろう？　急ぐわけでもなく、焦るわけでもなく、行動に表れない姿にみなみちゃんの気持ちが分かりません。

みなみちゃんにわけを話しても、返ってくる言葉はちはるちゃんと全く同じ。ちはるちゃんと大人の話を聞いていたのもあってか、聞かれることも分かっているから、答えもどんどん返ってくるが、その言葉や姿に「違和感」を感じた。これって本当にみなみが思っていること？〝これが正解でしょ？　これを言えば大人はいいよって言ってくれる、ちはるも言ってたし〟とその場を終わらせるためだけの言葉に感じてしまった。

……………………………………………………………………………

みなみちゃんは、以前からご飯や着替えの時などに遅くなることが続いていました。最後になりたいと思っているのかな？　と感じるほどの姿でした。なので私たち担任の中では、気持ちの切り替えや約束を守るというところにみなみちゃんの課題を感じていました。だからこそ、これをきっかけに伝えていきたいと思いました。

純子　「何でこんなに遅くなっちゃったの？」
みなみ「かたづけてた」
純子　「でもキンコンカンなってすご－く経つよね。なんで遅くなっちゃったの？」

みなみ「ちーちゃんがかたづけしなかったからおそくなっちゃった」
純子「でも見てたけど遊んでなかった？」
みなみ「あそんでたけどかたづけたよ。ぞうきんもやった」
純子「じゃあ、ちはるちゃんも一緒に帰ってきたよね。でもちはるちゃんはみなみよりも早ーくご飯ちょうだいって来たよ。みなみは何してたの？」
みなみ「……みなみもいそいでたよ」
純子「でも、みなみは食べている子と話したり、トイレでも遊んでいたし、ゆっくりやっていなかった？　だからいらないのかなって思ってご飯片付けたんだよ」
みなみ「……」

自分のことではなく「ちはるが片付けなかったから」という言葉だったり、ゆっくりになってしまう自分に振り返っていかないことに、「そっか、じゃあ今度は……」と言ってあげられなかった。みなみちゃんなら分かっているはず、言えるはずなのに……。

周りが寝る準備をする中、
純子「もうここはみんな寝るから、寝ないんだったら縁側に行こうよ」
みなみ「寝るにする……」

とは言ったものの、着替えようとせず立ちすくんでいます。

いよいよみんなが布団に入ったため、「もうみんな寝るから、着替えるなら縁側行こうよ」と縁側に出てもらうことにしました。しばらくすると、少しずつ着替え始め、着替え終えるとそのまま寝てしまいました。

みなみちゃんから「やっぱりご飯食べたい」とか「ゆっくりやっていたから遅くなっちゃった」と言いに来てほしかったのに、何も言わずに寝てしまった。どーするのかな？　なんで自《じ》分事《ぶんごと》にならないんだろう？

しかし、今思うと、それは大人の勝手な物差しで測った姿。いまのみなみちゃんの心に近づこうとはしていなかったように思います。何を言っても大人に言葉を返されてしまうことに、もうどうしようもなかった、寝るしかなかったみなみちゃんの気持ちに気づきます。でもその時はそう考えることができませんでした。

「むずかしかった」

昼寝から起きたあとも、何事もなかったかのように過ごすみなみちゃん。おやつの時間になり、いつものようにおやつを食べようとするみなみちゃんに（いや、だめだ。このままおしまいにしたら何も伝わらないんじゃないか！）と思い、「おやつの前に考えなきゃいけないことがあったんじゃない？」と、担任同士で話し合い、純子さんにもう一度話をしてもらうことにしました。
しかし、返ってくる言葉は「ちーちゃんが〜〜だった」「みなみだっていそいでた」「かたづけた」というものばかりでした。（自分の行いに）気づいてほしい、（私たちの気持ちが）伝わってほしい、というこちらの願いに対しては手応えがありませんでした。そんなふうに話していくうちに、純子さんはお互いもう何を言ったらいいのか？　どうしたらいいのか？　が分からなくなってしまい、これではだめだ、と私の元へ相談に来ました。

さやか「どうですか？　みなみちゃん」
純子「え〜もうわかんないよ」
さやか「うーん、どこに重きをおいて話をしたらいいのかな？」
純子「やっぱり自分事になってないってところだよね。自分事に感じてほしいんだよね」
さやか「でも、どうしてみなみちゃんは自分事にならないんだろう？　どこが引っかかっているのかな？」
（これほどにまで、先に進めないのは何か理由があるのかもしれないな……。）
純子「そういえば、みなみちゃん〝みーちゃんはかたづけたよ。ちーちゃんはやらなかったけど、みーちゃんはさいごまでやった。〟って言ってたよね」
さやか「そうだ、何回も言ってた。そこなのかな？　私たちそのみなみちゃんの気持ちを受け止めてなかったよね。みなみちゃんはそこを受け止めてほしい気持ちなのかも」

純子 「そうかも！ みなみともう一度話してみる」

純子さんはみなみのもとへ戻り、私は少し離れたところから様子を見ることにしました。そこに秀さん（副園長）が来て「みなみどーした？」と聞いてくれました。今日の出来事を話すと、「そっか、聞いてると大人の思いがいっぱいになっているけど、みなみの気持ちはどうなんだろうね？」と。そこで、みなみちゃんの「かたづけたんだよ」という言葉に気づいたこと、みなみの気持ちを受け止めていなかったのではないかと思ったことを話しました。秀弘さんは、「それを素直にみなみに伝えてみたら？ みなみの気持ちに気づかなくてごめんねって言ってみたら？」と言ってくれました。そのアドバイスをもとに純子さんともう一度話をすることで、私たち自身もう一度立ち止まることができました。

純子さんが、「みなみちゃん片付け頑張ってたよね。そこに気づけなくてごめんね」と伝えると、みなみはうれしそうに笑ってくれました。

純子 「ご飯どーする？」

みなみ「たべる！」

純子 「じゃあ食べよっか！」

みなみが食べる傍らで、

さやか「みなみ、私たちの話何言ってるか分かった?」
と改めて聞いてみました。すると、
みなみ「わかんなかった。むずかしかった」
さやか「そっかぁ、難しかったかぁ……」

今回のことで、私たち大人のこうなってほしいという思い――みなみちゃんなら分かるはず、気づいているはずと〝みなみちゃん像〟というものを強く作りすぎていたことに気づきました。大人の思いばかりでみなみちゃんの気持ちに歩み寄ることができませんでした。言葉として交わされたみなみちゃんとのやりとりに私たちが意地になっていました。しかし、私たち自身も一歩立ち止ったり、第三者に話したり、言葉をもらうことで、ふっと立ち止り、みなみちゃんの思いに向き合わなければと思うことができました。

今、振り返ると何でこんな声のかけ方をしたんだろう? 何でこんなに頑なになっていたんだろう? と思います。みなみちゃんは、あんなにもたくさん自分の気持ちを私たちに向けていたのに、何で気づかなかったんだろう。本当にごめんね、という気持ちでいっぱいになりました。
子どもたちと過ごす中で、その子に対して「こうなってほしい」と、大人の願いを持つことも大切です。しかし、それが大きくなりすぎて、子どもの本当の気持ちが見えなくなってしまいました。(今が伝えるためのチャンスだ! どうにかしなくちゃ、そのためには大人がぶれてはいけない)、そんな気持ちでいっぱいでした。だからこそ、大人が期待している答えを求めて、そこへどう引っ張っていくかが私たちの課題となってしまい、みなみちゃんの気持ちに近づくことができませんでした。

しかし、この出来事のおかげで、みなみちゃんとの関わり方が変わってきました。〝分かっているつもり〟にならずに、〝分かりたい〟と思うようになりました。

何事もストレートに表現しているように見えて、実はたくさんの気持ちを抱えているみなみちゃん。そんな行動の裏にある本当のみなみちゃんの気持ちに今は〝近づきたい〟、〝分かりたい〟と強く感じています。子どもたちとの中で本当に大切なことは何か、それを改めて気づかさせてもらった私たちにとって、とても大きくて大切な出来事になりました。

あきらめないで関わり続ける（鈴木秀弘）

この物語は、担任の願いと、みなみちゃんの願いの違いから生じた食い違いが起こした出来事なのでは？ と思います。

担任は、これまでの関わりから、〝いろんなことが分かっていて、しっかりしているが、なぜかみんなと合わせることができない〟というみなみちゃん像をもっていたので、今回の約束も「分かっているはずだから約束を守らなかったことをもっと自分事として感じてほしい」という願いを持ち、「約束を守らなかった」というフィルターをかけてみなみちゃんと向き合ってしまっていました。

しかし、みなみちゃんが見ていた世界は違います。それは振り返ってみると、担任とのやりとりのみなみちゃんの言葉からひしひしと感じてきます。

担任の「なんで遅くなっちゃったの?」に対して「かたづけてた」「ちーちゃんがかたづけてくれなかったからおそくなった」と言っています。この言葉を素直に受け止められれば、確かにその通りなのです。

みなみちゃんは先に帰ってしまったちーちゃんを引き戻して、さらに最後まで片付けを仕上げてから帰って来たのです。そんなみなみちゃんがどんな気持ちで部屋に帰って来たのか? を想像すると、きっと「ちーちゃんは先にかえっちゃったけど、わたしはさいごまでやったよ」と胸を張って帰って来たのかもしれません。

みなみちゃんは最後まで片付けた自分を主張しました。しかし、担任は帰って来てからのことばかり尋ねてきます。それは、担任にとっては、一緒に遊んでいた二人の対比が鮮やか過ぎたことも後押ししてしまっていますが、ますます大人の願いが強くなり、みなみちゃん自身が受け止めてもらいたかった思いがかすんでしまい、見えなくなってしまったのです。

しかし、この担任たちのすごいな! と思うところは、そうなりながらも、最後まであきらめずに関わり続けることです。そして、自分の思いでみなみちゃんを覆い被してしまわず、「もう分からないよ~」と助けを求めたところです。それは、担任が最後に書いていますが、〝分かったつもり〟でなく〝分かりたい〟態度であり、みなみちゃんを大事にするということなのではないでしょうか。

また、ちはるちゃんは今回、大人の期待に応え約束を守ったのですが、ちはるちゃんはそういうみなみちゃんを見て、「あ〜よかった」と胸を撫で下ろしているわけではないような気もします。一緒に遊んだ相棒が困っているわけですから、もしかすると複雑な心境で大人とみなみちゃんのやりとりを見ていたのではないかと想像します。

そういうちはるちゃんにも、ちはるちゃんなりの個性があり、子ども同士の遊びの中では「もっとこうしたほうがいいんじゃない?」と提案者になっている姿があるそうです。物事を前に進めるためにはどうしたらいいのか? と周りの状況を見て考える力をもっている子なのです。そういうちはるちゃんやみなみちゃんに対して、約束を守ることなど、方法や形ばかりを大人が押し付けてしまったら、子どもは気持ちのもって行き場がなくなってしまうのです。

だからこそ、その時々の子どもの行為を、目に見える部分だけで〝分かったつもり〟にならず、行為の中に秘められた思いを〝分かりたい〟大人であらねばならないのだなと感じさせてもらいました。

3 安心感に包まれて夢中になって自分の時間を生きる――を支える

「だれかてつだって」に込められたれいかちゃんの思い

〈場〉にも〈人〉にも受け入れられて、安心感に包まれた子どもたちは、自分の空間で自分の時間を夢中になって生きる姿をさまざまなところで見せてくれます。そんな場面に立ち会った時、大人たちは子どもの中に何を見てとり、何を思うのでしょうか？　紹介するのはどこにでもありそうな二歳児のエピソードです。

●主な登場人物
れいかちゃん（二歳児クラス）
成江さん（小川成江、支援センター職員、保育歴一〇年）
〈記録者〉小川成江（途中入園児に対応し二歳児クラスに手伝いに入っている）

私（小川成江）が二歳児クラスに補助で入るようになって、三週間ほど経った一一月の雨の日のことです。子どもたちはみんな室内で遊んでいて、スロープ下の床では、新聞紙をちぎって飛ばしたり、ちぎった新聞紙を集めて、その中に隠れたりして、時おり歓声があがっています。畳の上では、ままごとをしている子がいます。

れいかちゃん（三歳二か月）は新聞で遊んだあと、ままごとをしているお友だちから少し離れたところに座って、ままごと用のチェーン・リングを筒から出して、色分けし始めました。

以前、ままごとで使う別の玩具の、数色あるうちのピンク色だけをお椀に集めて、ご飯を作っているのを見たことがあったので、〝また色分けしている〟と、目に止まりました。

他の子が、ご飯を作ってはご馳走してくれたので、その子たちにつきあいながら、ふとれいかちゃんを見ると、筒の中には黄色いチェーンだけが全部入っていて、そのチェーンの一本を取り出しては、筒の淵にかけていました。

こういう遊び方をしている子を見たことがなかったので、〝れいかちゃん、面白い遊びを見つけたな！〟と気になって、ジーっと見ていた。

チェーンを一本かけ終わると、筒の中に手を入れて、別のチェーンを取り出します。一本目のチェーンにピッタリとくっつけるように二本目のチェーンをかけ、次のチェーンも隣のチェーンにピッタリとくっつけるをくり返しています。

淵にチェーンが、次々とかけられていくと、筒の中に手を入れるスペースが狭くなり、次のチェーンを取り出そうと、中に手を入れると、かかっていたチェーンが筒の中や外にジャラジャラと落ちてしまいます。

すると、落ちてしまったところに、隙間ができてしまうので、落ちなかったチェーンをずらし、チェーンとチェーンをぴったりくっつけています。いよいよ手を入れるスペースが狭くなり、手を入れた瞬間に、またチェーンがバラバラっと落ちてしまいました。

あれ？ これまでだったら、困ったことがあると、誰よりも大きな泣き声をあげて、大人に助けを求めることが多かったはず……？ 今日は、また一からやり直し始めている！ この雑多な部屋の中で黙々とやっている姿に、〝没頭しているんだ！〟と思った。どうなるんだろう？ と見届けたくなり、邪魔はしたくないなぁと思った。

いよいよ、やり直し三回目。そして、あと三本分くらいの隙間になった時、フッと顔を上げたれいかちゃんと目が合いました。そして、私を見ながら「だれかてつだって～」と言ったのです。その口調は、私に向けられているというよりは、張りつめた緊張の糸が、フッと緩んだかのような口調でした。しかし、「てつだって」という言葉は、まだ、れいかちゃんとの関係が浅い私にとっては、ドキッとする言葉でした。

どうしたらいいのだろう？　と一瞬迷ったが、〝ここまでやったんだもの、最後までれいかちゃんがやり通せたほうがいい〟と思った。それまでもれいかちゃんが慎重に、そーっと手を筒の中に入れていたので、今の調子でいいんだよという思いだけで、ただただ「そーっとね、そーっとね」と言葉を返すのが精一杯だった。

するとれいかちゃんは、再びそーっと筒の中に手を入れて、淵にかけたチェーンを落とさずに、中からチェーンを取り出すことができました。れいかちゃんは、取り出したチェーンを畳の上に置くと、私の顔を見て手を叩いてきました。私はうれしくなって、手を叩き返しました。すると、畳の上に置いたチェーンを持って、それをそーっと淵にかけました。すると、また、私の顔を見て、手を叩いてきたので、私も〝よかったね！　うまく淵にかけられたね！〟の気持ちを伝えたくなり、手を叩いて応えました。すると、また、慎重に筒の中に手を入れて、チェーンを取り出し、また、私の顔を見て、手を叩いてきたので、私も、また、手を叩き一緒に喜びました。

あと少しで筒の淵を一重できる！　という時に、数人の子がれいかちゃんの周りに来ました。私は（これに触ったらどうしよう。手を出す子がいたらどうしよう）と思い、「これれいかちゃんの大事なのだからね。触らないであげてね」とお願いをしました。幸い誰も手を出さずに、れいかちゃんのことを見ていてくれました。そして、とうとう筒の淵は黄色いチェーンで埋め尽くされました。

その時、れいかちゃんは、周りにいる友だちに「ガォーっていうよ。さわらないでね」「これはライオンだよ」と言ったのです。

ライオンという言葉に、そうそう「ふしぎなぼじゃびの木」のお話運動会に出てきた、あのライオンのことね！「なるほど～」と思えました（この年の運動会のお話のテーマがこのお話。運動会の取り組みの詳細は「希望編」六三頁参照）。

数分後、「そろそろ片づけて、ご飯食べようかな～」という大人の声が聞こえると、れいかちゃんはあっさりとチェーンを筒の中に収めて、そして、お友だちの片づけも手伝っていました。

その姿を見た時に、何時になく片づけることに意欲が感じられ、没頭してやった、やりきった感と、何度も落としてはやり直し、とうとう一重できた達成感を味わえたれいかちゃんだったに違いないと思えました。

「だれかてつだって」に込められた不思議な心の動き　（鈴木秀弘）

この物語を職員の間で話題にした時、多くの人が、れいかちゃんの「だれかてつだって」という言葉に興味を持ちました。

れいかちゃんはチェーンを淵いっぱいに隙間なくかけてみたいというイメージをもって、何度も失敗しながらも、その遊びに夢中になって没頭していたことは確かです。そのれいかちゃんが、顔を上げて言った言葉が「だれかてつだって」だったので、職員たちはその言葉にれいかちゃんの裏腹な気持ちを感じて興味を持ったのではないでしょうか。

成江さんと他の担任にもその時の様子を改めて聞いたところ、その言葉の印象は、思わず誰か手伝ってと言いたくなるほど緊張していたその緊張を自らほぐそうとする雰囲気だったそうです。そういう雰囲気の中に「れいかちゃんが自分で成し遂げたいのだな」という意志が感じられたので、成江さんは「そーっとね」という言葉をかけました。

れいかちゃんにとってその言葉は、これまでの自分がやってきた行為を見ていてくれたからこその言葉です。れいかちゃんはそれを聞いてきっと〝見ていてくれたんだ〟「そーっと」やってきた思いをくみとってもらえたんだと思ったことでしょう。

成江さんは、没頭しているれいかちゃんにいつしか引き込まれていました。ドキドキしながらも、「そーっとね」と自分なりに声をかけてみました。すると、その言葉をれいかちゃんが受け止めてくれて、そーっと筒の中からチェーンを取り出したのです。成江さんも〝れいかちゃんに私の気持ちが伝わった〟という手応えになり、その喜びを一緒に分かち合わずにはいられなかったのです。その後のやりとりも、れいかちゃんと成江さんの間で、無言ですが心が響き合い、その響き合いがふくらんでいく様子がうかがえます。

れいかちゃんは、その安心感に包まれた状況で、いよいよ最後の一本となった時に、友だちが興味を示し近づいてきました。しかし、その子たちに対しても、成江さんに「これれいかちゃんの大事なものだから壊さないでね」と自分の思いをくみとってもらい、大事にしてもらえて、最後までやり遂げることができました。そして、その達成感や満足感を、周りで見ていた友だちに伝えたいという気持ちになり、「ガォーっていうよ。さわらないでね」「これはライオンだよ」と、心の中を素直に表現することができたのではないでしょうか。

もしかすると、誰も見ていてくれなくても、完成することはできたかもしれません。しかし、その子たちには、自分の〝思い〟を理解してもらっていないので、〝壊されてしまうかもしれない〟気持ちが起こり、「ダメ」「壊さないで」という言葉を言いたくなってしまうかもしれません。

しかし、この時のれいかちゃんは成江さんに自分の物語を紡いでもらい、さらに響き合いの中で安心感に包まれていたので、「ダメ」と言う必要がなくなったのです。子どもにとって、その〝大きく膨らんだ思い〟を分かってもらえたことが、一つずつ手応えとなり、少しずつ自分の物語が紡がれていきます。その紡がれた物語がその子どもにとっての今の自分なのです。

今は、物語を大人と共に紡ぐことのほうが多いこの子たちも、分かってもらえる居心地のよい関係の中で、十分に満たされた時、少しずつ、周りに対しても心が開かれていくのだと思います。

4　能動的な経験の蓄積と思考する個性――を支える

「パンプキン作ってあげる」に引き込まれる仲間

年中児・年長児にもなると、子どもたちの中にはたくさんの経験が蓄積されていきます。学校での生活を見通した大人たちの中には、文字や数の認識、計算能力など「勉強による学力」を意識し始める人が増えています。和光ではそれだけを取り上げて子どもたちに「教える」ことはしていません。人間らしく生きる力に通じる「かしこさ」とは、「教える」ことで身につくものだとは考えていないからです。問題や課題を発見できる（立てられる）力、解決しようと考える力、簡単にあきらめないでさまざまなものに頼りながら粘り強く思考を働かせ続ける力こそが「かしこさ」であると考えているのです。生活や遊びの中でのたくさんの経験は、どのようにして思考する個性をつくっていくのでしょうか？

●主な登場人物
ゆいと君（五歳児クラス）
瑞季さん（同前）
典子さん（浅岡典子、五歳児担任、保育歴六年）
〈記録者〉鈴木秀弘（副園長）

一〇月の下旬、和光保育園の理事の保坂さんが、毎年自宅の畑で育てた枝豆と柿の収穫をさせてくれるので、今年も年長さんと年中さんでいただきに行きました。保坂さんの家は、保育園から五キロほど離れたところにあります。子どもたちの足で歩いて一時間半ほど。枝豆と柿の他にも夏にはスイカ、秋には蜜柑、大豆を子どもたちのためにおすそ分けしてくれます。

枝豆と柿の収穫が終わり、そろそろ帰ろうと並んでいる中で、ゆいと君は足元に転がっている小さなカボチャを見つけると、保坂さんに「このカボチャもらっていい？」と聞いて、保育園に持ち帰りました。保育園に帰るとゆいと君は担任の典子さんに「ねえのりこさん、このカボチャでおいしいパンプキン作ってあげるからね〜」とうれしそうにいったそうです。その時典子さんは「パンプキン？　カボチャ？」と思いましたが、ただうれしそうに語ってくれるゆいと君の言葉をそのまま受け取り、「ありがとう、楽しみにしてるよ〜」と返し、夕方の時間外担当の職員に引き渡し、掃除へ向かったそうです。

その後、夕方の時間、園庭に自分たちで作った基地の中で何やらやっているゆいと君となつきちゃんとろんど君がいたので、瑞季さん（この日の夕方担当）は気になって覗いてみたそうです。すると、ゆいと君がカボチャを大事そうに持っていて、それを囲んで三人が話しています。

瑞季　「何それ？」

ゆいと「これでパンプキンつくるんだ」

瑞希 「へぇ、面白そう！」
なつき「これ切りたいんだよね～」
瑞季 「そうなんだ、切りたいなら切ってみればいいじゃん」
なつき「じゃあ包丁貸してよ」

この時、瑞季さんは、ゆいと君が持っていた小さなカボチャを見て、遊びの延長で切りたいと言っているのだろうな～と思い、

瑞希 「包丁なら年長の部屋にいいの持ってんじゃん？」と言葉を返したそうです。

すると、その途端に三人は「あ！ そうだ！」と部屋に走って行って、年長さんが飼育している鈴虫の飼育セットを持ってきました。その中から鈴虫の餌の野菜を切るための包丁とまな板を出して、カボチャを切り始めました。そんな姿を瑞希さんも楽しそうに見ていたからでしょう、年下の子たちも周りに集まってきました。「オレもやらして！」という声も上がりましたが、三人は「危ないからダメだよ」と自慢げに言ったそうです。

そうしている間に、次々とお迎えが来てしまい、カボチャが三等分くらいになったところで片付けをして、その日は帰ったそうです。

そして次の日、瑞季さんは、朝一番に、担任の典子さんに昨日の夕方の出来事を伝え、「私はおままごとの延長だと思って鈴虫の包丁なんて使わせてあげちゃったけど、もし本当に料理をするん

だったら、きれいな道具でやったほうがいいよね〜」と言ったそうです。

ゆいと君は朝来るなり、典子さんに、

ゆいと「ねえパンプキン作るってオレいったでしょ、パンプキンのつづきやるから鈴虫の包丁つかっていい?」

典子さんは瑞季さんから話を聞いていたので、

典子　「ところで、パンプキンってどういうものなの?」

ゆいと「ふわふわしてて、なかにトロ〜っとしてるクリームが入ってるの」

言葉だけでは分かってあげられないと思い、紙を出してきて、その紙にゆいと君が語ってくれた言葉を元に絵に描いてみたり、ゆいと君が自分で描いたりしたそうです。そのうちに、パンプキンの中に入っているクリームが、家でママと作ったカボチャの煮つけに似ていたから、それと同じように、鍋に水を入れて火にかけて茹でたら、カボチャがトロっとするから作ってみたいということが分かりました。それには包丁とまな板の他にも鍋と七輪が必要だということも分かりました。ゆいと君は前日の午前中に、拾ってきたドングリを食べるために、大人と一緒に七輪に火を起して炒って食べていました。本当はお家みたいなやつ（ガスコンロ）がいいけど、七輪が使えると思ったようです。

それからゆいと君はだいや君と一緒に外のトムソーヤ小屋（おままごと小屋）からおままごと用の鍋を出してきて、きれいに洗っていたそうです。その行為を見て、典子さんはますますゆいと君は「料理」として作りたいのだと感じ、「お料理するんだったらおままごとのじゃ汚いから、台所に使えそうなお鍋を探しに行こう」と提案し、一緒に台所からお鍋を用意しました。

そこに、遅番の美幸さんが出勤してきたので、典子さんはそれまでのことを美由紀さんに伝え、飼育当番の子どもたちのほうへ戻ることにしました。

その頃にはなつきちゃんもやってきて、美幸さんにきれいな包丁とまな板を借りて、昨日のカボチャをさらに細かくし始めました。実は、なつきちゃんは以前から包丁で野菜を切ったり、料理することが好きで、お家でもよくお母さんのお手伝いをしているそうです。夏には、畑で収穫してきたナスやキュウリを「塩もみで食べたいから、まな板と包丁と袋と塩ちょっと貸して」ということもあり、道具を用意してあげると、独りで塩もみを作って御馳走してくれるほどの腕の持ち主です。

ゆいと君は美幸さんに七輪を出してもらい、昨日やったように火を熾す準備を始めます。そんな様子が周りの子たちの目にも止まり、次々と「何やってるの？」と興味を示してきます。ゆいと君は「パンプキン作るから、今からこれに（七輪）火をつけるんだよ」と説明をします。それを聞いたいしが君が「オレ家でマッチの火をつけたことがあるからつけてあげる」と言い手伝ってくれることになりました。

外のテーブルを拠点にパンプキン作りの準備が進んでいきますが、美幸さんも、そんな関わりの中で、子どもたちが「本物の料理したい」という気持ちだということを改めて感じました。しかし、そのわりに、外用の汚いテーブルの上で直接まな板を置いて切っていたりしていたので、「食べ物を作るんだったらそれなりの準備が必要なんだよ」と言いテーブルクロスを敷いてあげたそうです。するとゆいと君たちは「そうだ！」と言わんばかりに、部屋に戻っていき、食事当番用の自分のエプロンや三角巾を身に着けてきました。

いよいよ七輪の火も熾き、鍋に水を入れ、湧き立ったお湯の中に細かく切ったカボチャを入れて煮込んでいきます。美幸さんはそんなゆいと君たちのパンプキン作りに付かず離れずで介添えしています。

美幸さんはカボチャの煮え加減が時々気になり、

美幸　「どうかな？　煮えたかな？」

ゆいと「まだトロトロになってないからまってて」

とでき上がりのイメージがしっかりあるようで、手出し口出し無用と言わんばかりの様子でした。

そして、とうとうでき上がり。取り出したカボチャをまずゆいと君が試食してみると「うん、柔らかい」。その後周りにいたみんなで味見をしてみると、実によく煮えていて、ちょうど口の中でトロッと溶けるような煮え加減でした。しかし、中には「甘くないじゃん」という声も。ゆいと君も「本当はめっちゃ甘いんだよ、おかしいな～」と頭を悩ませてしまいました。

その日の帰りの会で、もう一度パンプキンのことが話題にあがりましたが、食べた子たちからは、「甘くなかった」という声。すると、ゆいと君が「違うんだよ」と語り始めたので、改めてみんなの前でゆいと君の話を聞きながら絵に描いてみることにすると、それを聞いているうちに、いしが「それってさ、パンプキンケーキのことじゃない？」

ゆいと「そうそう、それそれ！」

よくよく話を聞いていくと、数日前にディズニーランドに家族で行った時に食べた、パンプキンケーキ（ハロウィンケーキ）のことを言っていたということが分かったそうです。

保坂さんの畑で転がっている小さなカボチャを見て、（あの美味しかったパンプキンケーキをもう一度食べたい）と思ったのだと思います。今考えると、それは単にもう一度食べたいという思いに留まらず、家族と一緒に過ごした幸せな時間の余韻をもう一度味わいたいという思いからくるものだったのかもしれません。

自分なりの目当てによって過去の経験を引き出し解かしつなげる

そこで自分で「作ってみよう」と思えることがゆいと君の素敵なところです。

その「作ってみよう」と思える根拠は、今までのゆいと君が経験してきた事柄の中に、「作れそう」なイメージを持たせる経験があったからだと思います。

パンプキン（ケーキ）の中に入っていたクリームは、ママと作ったカボチャの煮つけのように甘くてトロっとしていたので、煮込めばクリームができるのではないか。カボチャを切る包丁は鈴虫の餌を切った包丁が使えそうだ。鍋はいつも使っているものがトムソーヤ小屋（おままごと小屋）にある。火はドングリを炒って食べた時に使った七輪が使えそうだ……と。

それぞれの経験は、パンプキンを作る準備として行ってきたことではなく、その時々の必要によって行われてきたものです。

過去の経験を引き出し、新しい必要性によって読み替え、新たにつなぎ直すということができるのは、何よりゆいと君自身が、その時々で自分なりに目当てをもって一つひとつの物事と能動的に関わってきたからこそだと思いますし、今も自分なりに目当てをもって向かっているからだと思います。

外から与えられた方法ばかりが積まれてきてしまっていたら、その方法は積まれたとしても、「新たな意味を見出してつなぎ直すこと」ができないのではないか？　と思うのです。

対話的な関わりの中で可能性が開かれていく

もう一つ大事なことは、ゆいと君の周りにはゆいと君が「やってみたい」と思えることがあるということです。そして、「やってみたい」と思った時に「やれる」ことです。

さらには、ゆいと君の周りにたくさんの違った個性を持った人がいて、その人たちも、その人なりにゆいと君に関わってくれていることです。

ゆいと君がはじめにカボチャを見て、パンプキンを連想し、作ってみたいと思った時に、もしかすると、まだその時は、ただ漠然と作ってみたいという想いだったかもしれませんが、その後、典子さんに「パンプキン作ってあげる」と言ったら「楽しみにしてるよ」と言ってもらえました。また、ろんど君やなつきちゃんも「面白そう」と思ってくれました。なつきちゃんに関しては、もしかすると「包丁で切るなら私に任せて」と思っていたかもしれませんが、いずれにせよゆいと君と一緒にいれば「面白そう」と思ったのだと思います。そういう周りから返ってくる反応が、ゆいと君の手応えとなり、次第に作りたい「意欲」がふくらんでいきました。

また、「包丁を貸して」となつきちゃんが瑞季さんに言った時に、「危ないからダメ」と言われてしまったら、もしかすると、膨らんだ意欲もしぼんでしまったかもしれませんが、瑞季さんも「面白そう」と思ってくれて、見守ってくれました。だから翌日までその思いは続き、担任にもう一度「鈴虫の包丁貸して」と言えるのです。そして、典子さんもゆいと君のうれしそうな表情や夢中に説明する姿に「面白そう」と思い、そのゆいと君の思いを実現するにはどう力になれるのか？　と一生懸命話を聞いてくれました。

そして、ゆいと君がおままごとのお鍋を洗っていたら、お料理をするならと料理用の鍋を貸してくれて、ゆいと君はますます「意欲」が高まり、その気になっていったのだと思います。そういう様子に周りも引き込まれ、「面白そう」と包丁の達人や、火熾しの名人も参加してくれて、徐々にことが進んでいきます。こうやって、周りとの関わりのお蔭で、ゆいと君自身の思いの実現へ向かう可能性も開かれていくのです。

その周りとの関わりの中で、そのつどつど、今までの自分が描いた筋道とは少し違ったものと出会うのですが、その度に、思考をくり返します。

また、ゆいと君は、そういう出会いをもたらしてくれる仲間と過ごすことに〝居心地がいい〟と感じているので、周りの「面白そう」を受け入れています。

そして、周りの人たちについても同じことが言えます。ゆいと君の言動が「面白そう」だから、そういうゆいと君と一緒にいたいから、ついつい、「何やってるの？」と顔を突っ込みたくなってしまいます。

集団も個もどちらも大事ですが、子どもたちに「周りと一緒にいる居心地のよさ」を味あわせてあげたいのです。「面白そう」と思えることがあれば、顔を突っ込みたくなるし、お互いの関わりたい気持ちが「面白そう」をさらに面白くしていくのでしょう。

周囲との関わり合いの中に開かれた可能性を持つ自分がいる

翌日、だいや君といしが君が家でパンプキンケーキの作り方を調べてきてくれましたが、書かれていた材料がないのでその日は何もできずに過ぎていきました。帰りの会で、改めて二人が調べてきてくれたものをみんなにも伝えてもらうと、それを機に、少しずつお家から材料を持ってきてくれる子が現れ、ゆいと君もベーキングパウダーとチョコを持ってきて、数日間かけてケーキに必要な材料や道具が集まって、いよいよ本当にパンプキンケーキを作れることになりました。いつしかゆいと君にとってもみんなにとっても「面白そう」なケーキ作りになって、作ったパンプキンケーキは本当に美味しかったそうです。

こういった関わりの中で、目当てを共有し、協働する関係性が育っていき、それぞれの持ち味を出し合い、受け入れ合い、多様な関わり合いから生じる新たな出会いに応じて思考が深められていきます。ゆいと君も、この出来事で「やっぱりパンプキンケーキできた」「やっぱり美味しかった」と目当てをもってやってみたやりがいを感じたことでしょうし、周りのみんなとの関係の中で「オレたちってすごい！」という気持ちを太らせた経験となったことでしょう。こういう経験を一つひとつ丁寧に積み上げていくことで、〝関わり合いの中に開かれた可能性を持つ自分〟というものが育っていくのではないかと思いました。

パンプキンケーキのできあがり！

5 子ども同士の中で育ち合う関係—を支える

仲間の存在を支えに、自分でできる力——たいちのモメ帳

何事につけてもちょっとゆっくり目のたいち君です。年長になったこともあり、担任は必要な役割は何とかみんなと一緒にやり遂げてほしいと願いますが、なかなか糸口がつかめません。そんなたいち君が変わっていったのは、一緒に暮らす仲間たちの存在でした。

●主な登場人物
たいち君（五歳児クラス）／クラスの子どもたち
典子さん（同前）
美幸さん（秋田美幸、五歳児担任、保育歴一九年）

たいち君がいなくて仲間は困らないのか？ （記録者 秋田美幸）

年長さんになると、ガチョウやウコッケイの飼育や、お昼前に、園庭の片付け忘れられたままごとの玩具を片付けたり、足洗い場を掃除する仕事を任されますが、和光ではその仕事を〝当番〟と呼んでいます。

五月、たいち君を含む五人のグループはウコッケイ当番でしたが、なかなか仕事が先に進まず、いつも終わるまでに時間がかかってしまっていました。

このグループは、餌切りをやりたがる傾向があり、それができないと残っている仕事を来た順に選んでやって、自分の仕事が終わると「オレは終わったからおしまい」と言って遊びに行ってしまうので、いつも小屋掃除が残ってしまっていたからです。小屋の中はウコッケイのうんちが落ちていて臭かったり、汚いというイメージがあり、できればやりたくない仕事のようです。

その中で、たいち君はいつもゆっくりと当番にやってくるので、小屋掃除しか残っておらず、それをやらざるをえませんでした。たいち君は、スキをみては「ノド乾いたから水飲みに行ってくる」と部屋に戻って、そのまま帰って来なかったり、広場で虫を捕まえたりしていたので、いつまで経っても私には終わる見通しが見えませんでした。

……

私は、子どもたち同士の気づきや声かけを大事にしてあげたいと思っていたが、そうしているうちにどんどん時間が過ぎていってしまうので、結局「じゃあ小屋はどうする？　これやらないと終わらないねぇ……」とたいち君に声をかけていた。当番をやりたがらないたいち君に対して、どうしたらたいち君が当番に気持ちを向けられるようになるだろう？　と思いながらも、手立てもなく願いばかりが積まれていってしまっていた。

たいち君の姿を他のみんなはどう感じているのだろう？　誰か一人でも、たいち君に「やって」と声をかけてくれたら、変わっていくキッカケになるのに……。しかしそんなこともなく、ただそれぞれが自分の選んだ仕事をやっていたので、関係が平行線のままだった。

この日もいつもと同じような状況で、ゆっくり当番にやって来たたいち君は、何度も部屋に水を飲みに行ったり、トイレへ行ったりしていて、とうとう当番が終わってしまいそうになりました。そこで、私はこの状況は、たいち君にとっても、みんなにとっても居心地のよい状態ではないと思い、見通しのないまま、とにかくどうにかしたいという思いで、グループのみんなに投げかけてみることにしました。「たいち君当番やらなかったね……たいち君だけ当番やってないのはみんなどう思ってるの？……どうする？」

するとゆきむら君が怒った様相で「明日たいちひとりで当番やってもらえばいいじゃん!!」と言いました。それを聞いて、だいや君ととうま君も「そうだね」と言いました。

やっぱり、みんなはたいち君に対して当番をやってほしいと思っていることが分かりました。

「ひとりでやれ」か……。こういう言い方になってしまうのは寂しいな。でも、私たちもそういう状況を作ってきてしまったかもな？　「当番をやるのは〇、やらないのは×」と二極で分けてしまい、やらない子に対して罰を与えるような方法ではないものと出会わせてあげたいな……。

しかし、すぐにはいい考えが思い浮かばず、私は困って「たいちひとりで当番か……そうだよね、いつもはみんながやってるもんね」と言いました。すると、

ひなた「たいちひとりで当番やるのはたいへんだとおもう……」
美幸「そうだよね……今でもこんなに時間がかかっているもんね……」
「ひとりじゃ大変か、じゃあどうしようか？」（また投げ返してみると）
ひなた「たいちやること忘れちゃうんじゃない？」
美幸「たいち当番忘れちゃうの？」
たいち「う〜ん……忘れちゃうかも……」
美幸「そうかぁ忘れちゃうのか……」

「忘れちゃう」という言葉で流してしまいたくなかったので、少し考え込んでいると、ひなた君が「だったらさ、モメ帳作ればいいんじゃない⁉　オレのお兄ちゃんさ、忘れちゃいけない時モメ

帳書いてるよ」と言ってくれたので、その言葉に私は思わず「あー!! いいねぇ! やってみようか!」と言いました。

この時私は、固まった関係が解れる糸口を得たような気がした。たいち君が仕事をせずにフラフラしているのは、仕事内容も、〝何をしたらいいのか分かっていない〟こともあるかもしれない!? モメ帳に書いてあげることで、たいち君に声をかける時も、「たいち当番やろうよ」という声かけではなく、具体的に「何をしたらいいのか一緒に考えよう」という姿勢で、声をかけやすいと思った。また、たいち君自身も、目で見て思い出すこともできるのではないかと思った。

そこで、ひなた君と一緒にウコッケイ当番の手順を書出してみることにしました。モメ帳には1、ウコッケイを小屋から出す。2、エサの入れ物を出す……といったように、ひなた君に教えてもらった内容を、たいち君と確認しながら私が書出しました。そして、それをたいち君が見ながら当番ができるように、紐を通して首から下げられるようにしました。たいち君はでき上がったモメ帳をうれしそうに身に着けていました。

その日の夕方、その出来事を、今までのたいち君の当番への関わりの様子と合わせてお母さんに報告しました。

次の日、いつもゆっくり当番に来ていたたいち君が、モメ帳を首から下げて自分からやってきました。この日も、他の子たちが小屋掃除以外の仕事を先に始めたので、たいち君は小屋掃除をやることになりましたが、私はたいち君と一緒にモメ帳を見ながら

美幸「餌はやってるから……うんち（小屋）だね。うんちはまず……ヘラでうんちをとるって書いてある。たいちヘラだってよ」
たいち「えー？　どこにあるかわかんない……」
美幸「ひなた君に聞いてみようか？」
たいち「ひなた～ヘラどこにあるの？」
ひなた「ここだよ！」

とすぐに教えてくれて、さらにうんちの取り方まで教えてくれました。その後も、ゆっくりでしたが、時々モメ帳を開けては、たいち君なりに役割をこなしていました。

それからというもの、途中で水を飲みに行ったり、トイレに行ったりするということがほとんどなくなりました。また、同じ当番の仲間たちは、取り立てて「何それ？」とはやし立てるような言葉をかけることはなく、モメ帳を首から下げ立ち止まっているたいち君に、「どれどれ？」と一緒に覗きこんだり「次はこれだぞ」と教えてあげたりしている姿がありました。

また、たいち君自身も、当番をやる度に欠かさずモメ帳を首から下げていました。それを担任以

外の大人が見て「たいち何首から下げてるの?」と聞かれると、うれしそうにモメ帳の説明や、当番の内容の説明をしている姿もありました。

たいち君は何に困っていたのか?

モメ帳を作った次の日のお母さんからの子育てノートに、こんな記述がありました。

「『ひなたが言ってくれたんだ』とたいちが話してくれました。たいちは仲間の優しさを感じているようです」

たいち君はモメ帳の一件を通して、仲間に気にかけてもらえたうれしさを感じているのだと、改めてお母さんにも教えてもらいました。

振り返ってみると、たいち君がゆっくり当番に来たり、来てもどこかへ行ってしまったりしていたのは、うんちが嫌だったことも、やり方が分からなかったこともあると思いますが、当番の仲間がそれぞれ自分のやりたい仕事だけをして終わってしまう平行線的な関係全部をひっくるめて、たいち君にはどうしようもなく、「どうしたらいいの?」と当番への「難しさ」を感じていたのではないでしょうか?

私はたいち君が当番をやるようになる手立てを探していました。しかし、お母さんに、「当番できたよ」ではなく「ひなたが言ってくれたんだ」と報告していたと改めて知り、やっぱりたいち君は「仲間に気にしてもらえる喜びと、困った時に仲間が助けてくれる安心感」を感じていたのだと気づかせてもらいました。それは、その後もたいち君が、モメ帳を自分だけこんなものを持っていて恥ずかしいと嫌がるのでなく、むしろうれしそうに周りに話す姿にも表れています。

後にお母さんから、保育園への送迎の車中で交わされた親子の会話の一コマとして、こんな話を聞きました。

母　「今のたいちの宝物って何?」

たいち「いちばんたいせつなものは仲間だよ。おうえん組（五歳児）の仲間。特急ジャー（テレビのヒーロー）じゃないよ。さいしょはとうまやむっちゃんしか仲間じゃなかったんだけど、みんなともあそびたいなぁとおもって、ゆうきを出して『あそぼう』っていったんだ。そしたら、みんなあそんでくれた! ぼくね、ゆうきを出してはじめてしったよ。ゆうきを出すことがだいじなんだ……」

あの時、「当番をやらせたい」という大人の願いばかりが大きくなってしまい、やらせるための手立てにとらわれてたいち君の「難しい」と思っていた気持ちには気づいてあげられませんでした。ひなた君が「モメ帳を作ってみたら?」と言ってくれた時も、作った時はたいち君が当番をできるようになる「手立て」としてのものと感じていましたが、たいち君のお母さんの言葉によって、たいち君は仲間を求めていたということに気づかせてもらえて、改めてその関係を大事にしようと思えたのです。それをきっかけにして少しずつグループの関わりも動き出しました。

たいち君にとっては、自分のことを分かろうとしてくれる仲間がいることに気づけたことがうれしかったのだと思いますが、それは、たいち君だけの喜びではなく、周りの子にとってもうれしいことです。ひなた君は自分の言葉を担任とたいち君に大事にしてもらえたし、同じグループの他の子にとっても、たいち君が何に困っているか分かりやすくなったから声をかけやすくなったし、手伝ってあげることもできる。そうやって声をかけたり手伝ったりしているうちに、関わりが生まれ、少しずつお互いに居心地がいい関係になれたのではないかと思います。その中で、たいち君自身の、「みんなと一緒にいたい」という気持ちも育ったのだなと思いました。

「参加したい」という気持ちの育ち　(記録者　浅岡典子)

一〇月、いろんな実験がクラスで流行っている中で、消しゴムはどうやったらできるのか？　が話題になりました。「消しゴムの消しをとるとゴムになるから、(輪)ゴムで消しゴムができるのでは」という思いつきで盛り上がったり、「お家の人にも聞いてみよう」と話をしていた頃のことです。

朝、私が遅番で部屋に行くと、クラスの子たちは外に遊びに行き、電気が消えた暗い部屋で、たいち君が一人座っていました。何しているのだろう？　と近づいてみると、テーブルの上にはノートが広げてあり、筆箱から鉛筆と消しゴムを出し、「ん～」と何かを考えているようでした。
たいち君が普段見せない姿だったので、私は思わず声をかけてみました。

典子 「たいち、どうしたの？！」
たいち「え！ けしゴム作るのしらべたんだよ」
典子 「調べてきてくれたんだ～！ 見せて！ 見ていい？」
たいち「これざいりょう。ママがしらべてくれたんだ」
典子 「へ～！ ガムで消しゴムができるんだ～？！」
たいち「ほんとうにできるかな～」
典子 「やってみたいね」

実は前日、美幸さんが自分のポケットからメモ帳を取りだし、「最近忘れることが多いんだよな～」と独り言を言いながら、聞いたことを書きとめていると、たいち君が「あ！ オレのノート（モメ帳）と一緒だね！ でも、オレはもう当番の仕事覚えたからいらないんだ」と言っていたそうです。私にはその話が、「ノートがなくたってみんなと一緒にいられるよ」というメッセージにも聞こえ、仲間と一緒にいる居心地のよさをまた一段と深めているな～と感じました。

そのたいち君が、次の日に消しゴムの作り方を別のノートに書いて持ってきてくれたのです。昨日「オレにはもういらないんだ」と言ったたいち君が、今度は、「みんなに教えてあげたい」という気持ちで、調べたことを忘れないようにノートに自分で書き写してきたのです。たいち君にとって、あの時のモメ帳は、心の支えでしたが、今や、目当てを叶えるために必要な〝道具〟として、使いこなしているのです。

その後、私は美幸さんに、
典子「美幸さん、たいちが消しゴムの作り方調べてきてくれたんだって！」
と話をしていると、たいち君が廊下まで出てきました。
美幸「たいち調べてきてくれたの〜！　見せて〜！」
美幸さんのところへノートを恥ずかしそうにゆっくり持ってくるたいち君。
美幸「へ〜！　ガムで消しゴムができるんだ〜！」
そんな会話を聞いた周りの大人も子どもも見に来ます。
たいち「きょう作りたいな〜。ガムと洗剤とチョーク……あるかな？」
なつき「チョークあるよ！　ライオンのとき（運動会の時）使ったじゃん」
典子「洗剤はミニキッチンにあると思うよ」
たいち「ガムはないか〜」
なつき「かいにいく？」
典子「どこに売ってるかな？」
なつき「セブンイレブンにあるよ」

たいち「きぬむらにもあるよ」（たいち君のお爺ちゃん家の近くの駄菓子屋）
典子 「あとはエノタケスーパーかな。みんなにも教えてあげる？」
たいち「うん！」

みんなに部屋に集まってもらい、この日、もう一人家から調べてきてくれたじゅあちゃんとたいち君から、それぞれ調べてきたことを伝えてもらうことにしました。じゅあちゃんは消しゴムの消しカスを集めてこねると消しゴムができるということを教えてくれました。

たいち君の番になると、ノートを持ってきてノートを見ながら「ざ、い、りょ、う、がむ、さ、ん、ま、い……」と読んでくれました。

そこで、さっそく、今から実験してみようということになり、たいち君グループ、じゅあちゃんグループに分かれてやってみることになりました。

仲間と一緒に自分でできる喜び

たいち君グループは、ガムが必要なので、近くのスーパーに買いに行くことになりました。

私は、たいち君が調べてきてくれたことやたいち君のやる気がうれしかったので、大人がお金を払うのではなく、たいち君に自分で買ってほしい、大人が先頭を歩いて連れて行くのではなくたいち君にみんなを引っ張っていってもらおうと思いたちました。

そこで、以前たいち君がお店屋さんごっこの時に紙で作ったお財布に本物のお金を入れ、スーパーまでの地図を書き、たいち君に渡して先頭を任せ、私は後ろから見守ることにしました。たいち君はしっかり地図を見ながら、あっちじゃない？　こっちじゃない？　と友だちと話し合い、人に道を聞きながらスーパーまでたどり着き、ぶどう味のガムを選び、当番グループで一つずつ消しゴムを作れる数だけ買って帰ってきました。

さっそく実験に取りかかりました。まずは、お手本としてたいち君がいるグループにやってもらうことになりました。作り方は、まず〝ガムを噛む〟です。

典子　「だれがガム噛む？　たいち決めて」

たいち「ゆいと…と、だいや…と…あーちゃん」

あ！　自分は食べなくていいんだ‼　保育園でガムを噛めるのは特別で、とってもうれしいはずなのに。一個は自分が噛むのだろうなと思ってたので、こだわらずに譲る姿を見て驚いた。きっと実験すること自体に気持ちが向いているんだな。

噛んだガムに洗剤と砕いたチョークを入れて混ぜます。最後の形を丸めるのはたいち君にやってもらい完成しました。

次の日のお母さんからの「子育てノート」（連絡帳）です。

美幸さん典ちゃんうれしいよー（泣）

たいちが自ら「消しゴムの作り方を調べて書いていくの」と話してくれ、一緒に調べました。昨日の夜は都合が悪く、やることができなかったので、朝調べたのですが「たいち、朝調べようねーそのためにはどうしたらいい？」と聞くと、「急いで洋服着替えるー。おじいちゃん家ついたら、すぐ調べたい！」とものすごく意欲的でした。

消しゴムの研究のことを他人事でなくたいちも仲間の一員になって気持ちが向いていることが母として本当にうれしく感激しています。お買い物のことも「みんなで買い物に行って、その後実験したんだ。後は乾燥を待つだけ。買い物の時、たいちが本物のお金出して、おつりもらったんだよ」とうれしそうに話していました。

「たいちが持っていった消しゴムの作り方、みんなが実験してくれてどう思った？」と聞くと「やったー！　って感じ」と本当にうれしそうでした。たいちの自信になったと思います。

また「ろんどたちのクワガタ班の実験したのがなくなっちゃったんだよー。小さい子が間違えて持っていってしまったのかな？」と心配をしていました。自分のことだけでなく周りも見えてきたたいちがそこにいました。いろいろな経験、言葉かけ、刺激をもらい本当に成長してきたたいち。本当にありがとうございます。近くにいつもいてくれる美幸さん典ちゃんのおかげです。感謝します。

その日、たいち君は朝私に会うなり「これガム！」。シャキーンとガムを見せてくれました。

典子「わぁ！　たいちガム持ってきてくれたんだ！　ガムどうしたの？」

たいち「じいちゃんがたばこかって当たったガムくれるって！　くわがたグループのけしゴムなくなっちゃったからさ」

典子「そっか〜！　くわがたグループのために持ってきてくれたんだ！　ありがとう！　くわがたグループ喜ぶと思うよ！　たいちから渡してあげて」

たいち君の物語は、〝たいち君の育ち〟という切り離された育ちではなく、一つの物語を囲んで、それにまつわる周りの人も育ち合う関係にあり、最終的に信頼関係が深まってきたことを教えてくれました。

担任は、ひなた君にたいち君へ寄り添うキッカケをもらいましたし、お母さんから、たいち君が周りに気にかけてもらえているうれしさを感じているという視点に気づかせてもらいました。お母さんもたいち君と友だちと担任の関わりのお蔭で、どんどんたいち君への信頼を深めていきます。そういう大人に囲まれて、たいち君は友だちと〝一緒にいたい〟という居心地のよさを味わいながら、仲間の中に〝参加する〟意欲を太らせています。周りの友だちもたいち君のお蔭で教える役割をもらいましたし、今では〝一緒に消しゴム作りをする仲間〟として自分の知らない情報をもってきてくれる存在になったのです。

頼ってうれしい　頼られてうれしい

時に予期せぬ事態と遭遇します。その時、大人はいち早く解決に向かわなければ……と思ってしまいがちです。しかし、その出来事が子どもにとってどんな出来事なのか？　子どもの行動や会話に聞いてみると、大人では考えもつかない解決方法と出会うことがあります。大人から見れば落としどころのスッキリしないやり方でも、子どもたちなりに考え、解決に向かおうとするのです。大人はその傍らで、子どもの心の動きに目を凝らし、育ちや学びの兆しをくみとり、言葉にしたり、つなげたりしながら助け支えます。

●主な登場人物
よう君（四歳児クラス）／クラスの子どもたち
瑞季さん（同前）
健太さん（磯谷健太、四歳児担任、保育歴二年）
〈記録者〉佐藤瑞季・磯谷健太

今年度（二〇一四年度）のはじめに、転園してきたよう君です。継続の仲間の中に自然と入り、全身を使って遊び込むよう君ですが、一番になりたい気持ちが大きく、友だちを押しのけてまで自分の気持ちを通すことも多々ありました。最近は少しずつ抑えられる姿も見られるようなってきましたが、何かと「オレもやりたい！」と意欲的。怖い、けれどやりたい、できるようになりたいという気持ちも強く、怖い気持ちもまっすぐに露呈する姿は何とも純粋で応援したくなります。

力づくで自分を押し通せる相手と、そうはいかない相手とを分かってきたようで、やすほ君やゆうごう君に対する接し方は、他の子とは少し違い一目置いているような気がします。

友だちと遊ぶことは好きなようで、缶けりや鬼ごっこもよくしています。対して、一人で泥でハンバーグを作ったりするなど、じっくり遊びに入り込む姿もあります。

そんなよう君ですが、朝の遊び始める時や、遊びと遊びの間には「みずきー〇〇やろう」と呼びに来ることが多々あります。そんな、一二月のある日のことです。

みずきー、ターザン見てて！

朝、ひと遊びしてからのよう君と庭で出会い、そこで「みずきー、ターザン見ててー」と言われました。私（佐藤瑞季）はまだ外へ出たばかりで誰がどこで遊んでいるか把握したいのと、みんなに「おはよう」を言いたくて、ちょっと庭を一周してくるのを待っていてもらおうかとも思いましたが、それを言ったらきっと残念がるだろうと思い、少しよう君の姿を見てからにしようと、やまびこ広場（冒険遊び場）へ行きました。よう君はロープに足をかけながら、ちらりとこちらを見て、いつものように乗って見せました。ちゃんと見ているか確かめているようなので、何か特別なものを見せたいのかなと思っていたら、いつもの乗り方だったので意外でした。

私に自分を見ていてほしい何かがあったのだと思う。「遊びがひと段落して少し心がもの寂しい気持ちになっていた」とか、新しいことができるようになって、それを見せたいと思っていたのは私の思い込みで、「実はまだ不安な時もあり、それを見ていてもらっている安心の中で自分の力を再認識したかった」とか……だから私が見ているのを確認したかったのかもしれない。

二回ほどターザンをし、私に特に何を言うわけでもなくターザンを離れたよう君でした。それを見計らって次にターザンをやすほ君がやり始めました。やすほ君は木の棒を縄の輪に入れ、椅子のようにして棒に座りながら乗り始めました。その様子を見て、またやりたくなったよう君は「やすー貸してーおれもやりたい～」とやすほ君から縄を無理やり引っ張ろうとしました。「おれが先だったー」と強い力で引っ張り返すやすほ君。

近頃よう君は物に当たることも増えていたり、つい先日には、思うようにいかず友だちを高い段差の上から押して危ない状況になったこともあり、よう君とそこに出会った大人とで「もっともっと我慢する」という言葉で自分の心にブレーキをかける練習をしていくことを約束していました。
よう君はどうするのかな？　と思い、私は少し様子を見ることにしました。やすほ君も揺るがない気持ちで引っ張っていたので、「じゃあやす～終わったら貸して～」と手を離すよう君。それを見て思わず「よう！　自分で我慢できたじゃーん！　すごいぞーえらいぞー！」と私はよう君の体をギュッとしました。自分の気持ちを押し通すのでなく、「じゃあ」と一歩落ち着いて自分で考えられた彼に、やったね！　という気持ちでした。これはきっとよう君が〝一目置いているやすほ君〟という相手だったから、なおさら冷静になって考えられたのかもしれません。

枝が折れた！

やすほ君がターザンをやっている間、近くの段差を登ったり下りたりして遊んでいるよう君と他の子たち。ターザンロープが結んである太い木から、少し斜めに生えていた細い枝にふっとぶら下がったよう君。その瞬間、メキメキ～～～っと折れていく枝。「あぁあぁあぁ～～～」、それしか言葉が出ませんでした。他の子も唖然。よう君は着地し、怖い顔で歩いて木から離れました。一瞬時間が止まったかのような空気感。

りゅうと「あ～ぁ!!　ようがやった！　ようが折った!!」
瑞季　「いいからいいから、ちょっとりゅうと、そういうこと言わなくていいから！」

逆撫でするような言葉は今はダメだと思って止めた矢先、案の定、よう「うるせえんだよ！ オレじゃねーよ！ ×××××！」

よう君はふっとただただぶら下がっただけ。悪気なんてなかったことでしょう。表情も強張っており、きっと心の中は「ヤベエ。どうしよう。まさか⁉︎」、そんな気持ちでいっぱいだったと思います。

ちょっとした遊び心でぶら下がってみたよう君に、重たい荷物を背負わせることはしたくない。もう仕方ない、折れてしまったのだからたき火で燃やす薪になってもらおうか。いや、そうするにしてもさっきまで生きていた木をあまり軽率に処分してしまっては、ただこの出来事に蓋をしてしまうことになってしまう。どうしたものか……？

無残な姿の枝。地に向かって折れ、わずかな繊維でかろうじて太い幹とつながっている感じでした。「困ったね～」としか言いようがありません。よう君はその場を離れるでもなくうろうろと歩いていました。

そうしていると、近くにいたゆう君が折れた枝を押し上げようとし始めました。すると、それを見たやすほ君も手伝い始めました。

子どもたちの背丈では枝は上まで上がりそうもありません。すると「ちょっと待ってて！」とビールケースを持ってくるゆう君。高くしてその上に乗りましたがそれでも枝は上がらず、次にやすほ君がロープを持ってきました。枝をロープで結び、持ち上げようと二人でやっていると、ずっとその様子を見ていたよう君も手伝い始めました。

この時、なんだかこの関係いいな……という気持ちが私の中に芽生えた。しかし、持ち上げてもすぐぐったり下がる枝に、よう君は手伝うことから離れてしまい、「もう切るしかないよ～」と言う。「う～～ん……」。そう思うこともすごくよく分かる。きっと賢いよう君ならもうこの枝が元通りにはならないことを分かっているのだろうな。でもきっと今、よう君の中に温かいものが流れているのではないか？　切ってしまったらそれを感じることももう終わり。よし、ここは折れた枝をどうするかなどそういったことが目的じゃない。よう君が友だちの温かい気持ちに触れられる機会になったらいいな……そうすればきっと友だちに対するよう君の気持ちにも何か変化がみられるかも！　とひらめき、曇っていた私の心に晴れ間がさした気がした。

そして私は庭へ駆け下りていき、子どもたちが集まっている場所めがけて飛んでいきました。「ねー!!　ちょっとみんなー!!　あのね、やまびこでよう君が木にぶら下がったら折れちゃってね、ゆう君とやすが直そうと頑張ってくれているんだけど直らなくて困ってるの～」と身振り手振りで枝の様子を伝えると、何人かの子が「よっしゃ！」「おれが手伝ってやる！」と駆けつけてくれました。

もっと上に持ち上げろ～

あっ！　折れちゃった～

帰りの会で聞いてみる

子どもたちは、やまびこに駆けあがるや否や、さっそく目に飛び込んできた光景を見て状況を理解し、枝を押し上げることを手伝い始めました。自分の力ならば！　と下から力づくで押す子、もっと必要だとビールケースを取りに行く子、上段に上がり一緒にロープを引っ張る子……その場は一気に活気に満ち溢れ、よう君も再び手伝い始めていました。

そんな中でしたが、この日は年に一度の観劇会だったため、部屋に入らなくてはならない時間が迫ってきました。そこで、「みんな、頑張ってるところだけど観劇会始まるから一回部屋に入ろう」と伝えて部屋へ向かいました。

観劇会が終わり少ししてからやまびこへ行ってみると、数人の子がまた直そうと枝と向き合ってくれていました。後からよう君も来ましたが、それもだんだん下火になり、子どもたちが散りじりになっていくと、よう君もその場で外の遊びを始めました。その横で未だに諦めず夢中になっているゆう君とやすほ君。私は遊び始めたよう君のそばへ行き、隣にしゃがみました。よう君もしゃがみ込み、「もう切るしかないよ」と言いました。よう君なりに仲間の気持ちに応えようとやってみたのでしょう。けれどやっぱり……そんな気持ちだったと思います。

時計を見るともう一一時半近く。ご飯の時間もあるので、「よう君、もうご飯の時間なんだけどどうしよう、ご飯も食べにいかないとだし」と言うと、よう君は沈黙、考えているようでした。よう君の「切るしかないよ」という気持ちも分かりますが、私としては、友だちとの関わりの中で温かさを感じてほしいと思ったので、

瑞季「みんなにもどうしたらいいか力借りようか」

よう（ちょっと間をあけて）「じゃあさ、かえりの会でいうのは？」

今までの悲観していた態度が一転、あまりに具体的な提案で、しかもよう君自ら自分のことをみんなの前で言おうとしているのかと正直少し驚きました。

瑞季「え？　どんなふうに言うの？？」

よう「みずきがきょう大変なことがありましたっていうの。それで、やまびこの木が折れましたっていうの」

瑞季「じゃあさ、大変なことがありましたっていうところは瑞季が言うから、木のことはよう君が言ってくれる？」

よう「わかった」

瑞季「じゃあ、やすたちまだ直すのやってくれてるから伝えないとだね」

と言うと、よう君はやすほ君たちに伝えに行きました。「エーなんで～」とやすほくん。それほど夢中になっていたのだと思います。

同じ年中担任の健太さんにここまでの顛末を伝えました。

うれしい光景 （記録者 磯谷健太）

私（磯谷健太）が瑞季さんから聞いたのは、その日の昼食前でした。木をどうするかという考えにとらわれていた私にとって、「今のよう君にとって何が大事か。折れた木を直すことよりも、よう君のために友だちが集まって助けているところを大事にしたい（よう君が中心）」という考えを聞いて、「なるほど！ それいいな！」と思いました。

午後、休憩を終えて部屋に戻ると、子どもたちは、最近任されるようになった午後のガチョウ・ウコッケイ当番が終わって戻ってきはじめていました。しかし、瑞季さんは何やら問題があったらしく、他の子どもたちと話をしています。

瑞季さんから帰りの会でみんなが話を聞けるように長テーブルを四角形に置いて、とも頼まれていたので、準備をして、そこに座るように子どもたちに声をかけました。

しかし、まだ瑞季さんは他の子どもと話しています。何度かその様子を覗きにも行きましたが、いっこうに戻ってきそうにありません。

後から聞いた話ですが、ガチョウ・ウコッケイ当番の最中に当番をやらずにメダカのいる天水桶の中に石を入れて遊んでいた女の子たちに瑞季さんが「石いれるとメダカさん死んじゃうよ、どうして石入れたの？」と聞いたら、口を閉ざしたまま涙を流してしまったそうです。瑞季さんは石を入れたことをとがめようとしたわけではないのに、心を閉ざしてしまうその子に対して、以前から〝自分の気持ちを話してほしいな〟と思っていたので、今が向き合い時だと思ったのだそうです。

よう君は帰りの会で瑞季さんにこの出来事を話してもらいたいって言ってるのに、俺が話して大丈夫なのか⁉　よう君と瑞季さんの約束なのだから、そっちの女の子の出来事は私が引き受けてあげたほうがいいのではないのか？　しばらく自問自答をくり返していたが、瑞季さんから「ごめん。今この子たちと向き合いたいから、悪いんだけど、さっきの話進めてもらっていい？」と言われたので、最後まで悩みながら帰りの会を始めることにした。

子どもたちにテーブルに座ってもらい、帰りの会を始めました。私は、「今日、大変なことが起きました！」と〝よう君と瑞季さんが約束をした〟言葉を言い、よう君に立ってもらいました。そして、よう君に小声で「みんなに聞きたいことがあるんでしょ？」と声をかけました。

しかし、よう君は恥ずかしいのか聞きにくいのか気まずいのか、言葉に詰まったようすです。もしかしたらなんの事情も知らない私が言ったことで、戸惑いがあったのかもしれません。

そこで改めて、「ほら、木のことで……」とよう君に言うと、よう君は「今日、木折っちゃったんだけど、直すいい方法ない？」とゆっくりとかすれた小さな声でみんなに投げかけました。私はそれに加えて「今日、やすほ君とかゆう君が一生懸命ようのために直してくれたんだけどさー、直らなかったらしいんだよ」と言いました。すると、やすほ君やゆう君が「ロープとかでくっつけてみたんだけどさー」と言ってくれました。

健太「なにかいい方法ないかなー？」
子A「ネジでくっつければいいんだよ！」
健太「でもさー、それじゃ木に余計穴空けちゃうから違う方法がいいなー」
子B「ボンドとかのりで貼ったら？　くっつくよ」
健太「ボンドとのりだとまたすぐ取れちゃうよー」

あれ？　なんで俺が言葉を返しているんだ？　これだと、ようはどうしたいかまったく聞けないじゃん！　ようのためと思っていたのに、自分が邪魔なものになっているじゃないか。

その時、
せいら「オレが～木を抑えてる時に～やすが～ロープでクルクル巻くのはどう？」
健太（とっさに）「ようはどう思う？」
よう「うん、いいよ」

健太　「よし！　じゃあ直しに行こう！」

　みんなでやまびこに向かいました。さっそくせいら君ややすほ君はトムソーヤ小屋からロープをとってきます。木を抑える側は木に登りながら抑えられますが、ロープを巻く側は抑える側が木に登っているので地面から巻こうとしますが届きません。その間、よう君は皆の行動を目で追ってみたり、抑える側に回ったりしています。すると「ビールケース持ってくる！」とあきひと君が言いました。それに続き何人かビールケースを取りに行きます。ビールケースを階段状に積み上げ、木に登っている抑える側と目線が一緒の高さまでになりました。グラグラするのでビールケースを支える子もいます。枝を囲んで一つの塊のような状態ができ、その中によう君はいました。女の子たちは「応援する！」と言い、「がんばーれ！　がんばーれ！」と男の子たちを応援していました。その間私はよう君に「みんながようのこと助けてくれているねー」「うれしいね―」と声をかけました。

　この光景を写真に収めておきたいと思い、少し離れてみました。すると折れた木を囲む子どもたち全体が見えました。その光景をしばらく見ていると、だんだんと、なんとも言い難い、温かくて優しくて眩しくて、とてもうれしい光景に見えてきました。瑞季さんが言っていた思いはこういうことか！　と実際に自分の目で見て、感じることができたように思います。

　子どもたちなりに一生懸命巻いたロープですが、すぐに緩んでほどけそうです。しかし、そんなことはどうでもいい、仲間の、〝よう君に向けた一生懸命〟が届けばそれでいいと思えたのでした。

担任を心の支えに　（鈴木秀弘）

本当ならば、瑞季さんも最後までよう君と関わってあげたかったと言っていましたが、思いもよらず以前から気になっていた子と向き合うチャンスが起きてしまい、健太さんに委ねざるをえなくなったそうです。また、枝をロープで結んだことで、よう君自身が納得していたのか？　は会話でこそ「うん、いいよ」と言っていますが、心から納得しているかどうかは、その時は見えずにいたのだと思います。

数日後、よう君はまた友だちに手を出してしまいました。よう君は自分の気持ちを分かってもらえず怒っています。しかしその時、せいら君がよう君のもとに歩み寄り、「ねえ、一緒に話に行こう」と声をかけてくれると、よう君はそれに応じ、せいら君に支えられ、手を出してしまった子のところに話に行くことができたそうです。

折れた枝を囲んで、よう君は仲間が自分のやったことをとがめず力を貸してくれたことは、心地のよい出来事だったのだと思います。逆に力を貸した仲間にとっても、いつもは怒りんぼなよう君が困っていて、「助けてほしい」と言ってくれたことは、よう君の違う一面と出会い、力になれていることに居心地のよさを感じていたのではと思います。よう君の力になれることを知ったのです。ですから、せいら君は怒っているよう君が困っているのでは？　と思い声をかけてくれたのだと思います。

よう君は、今はまだ自分の想いを伝えようと怒ることも多いのですが、そんな時に仲間があきらめずに自分を気にかけてくれているという経験を積んでいくうちに、怒らなくても伝わることが増えてくるのだと思います。

そういう関係が芽生えた兆しを感じていた担任たちでした。しかし、折れた枝はロープで結ばれたままです。〝もしよう君や周りの仲間の関係が前に進んでいるとしたら、枝がいつまでもそのままになってしまっていたら、モヤモヤが晴れないのでは？〟と担任二人は思い、よう君に改めて「あの折れた枝どうする？」と聞いてみたそうです。するとよう君は「切りたい」と言ったそうです。

そこで、ロープを外し鋸《のこぎり》で枝を切り、たき火の薪《たきぎ》にすることにしました。よう君は枝を薪に加えると、サッと友だちの遊びに向かい走って行ったそうです。心の引っ掛かりもとれ、安心したのだと思います。

今年に入り三月三一日のことです。年度末の保育協力日で登園している子どもが少なかったので、みんなで一緒に帰りの会をしました。この日保育を担当していたカーコ（鈴木香織）さんが、明日から小学校に行ってしまう卒園児数名を前に呼んで「一言言いたいことはありますか？」と言ったそうです。するとよう君が「みずきもだろ！」と言ったそうです。実は、瑞季さんは今年度いっぱいで結婚して引っ越すため退職するのです。よう君は瑞季さんも今日で最後だということが分かっていたのです。

カーコさんは、よう君に「そうだね！」と言って瑞季さんにも前に出てきてもらいました。そして、卒園児が一言ずつ言い、瑞季さんの番になった途端、よう君は「ばっかやろう！　みずきぃぃ！　このやろう」と言いながら、瑞季さんの足にしがみついたのだそうです。

その後、いよいよお爺ちゃんが迎えに来てくれて瑞季さんとお別れをする時、よう君は「おじいちゃん、目つぶってて」と言って、瑞季さんの足にまた抱きついたそうです。そして「これはようの分」と言い、一度離れてもう一度抱きつき「これはママの分」と言ったのだそうです。

よう君の瑞季さんへの思いは、一人のものではなかったようです。転園してきてからこの一年、他の友だちの中に入っていくことでは、表向きには楽しそうな表情で友だちと遊ぶ姿や、思い通りにならずに怒って強がっていたよう君ですが、心の中ではドキドキもあり、〝どれだけ自分のことを受け入れてもらえるのか？〟と不安も抱きながら、〝自分の気持ちを分かってもらいたい〟と願っていたと思います。そんなよう君のことを、お母さんも心配をしていました。よう君の気持ちを受け止めようとしている担任の気持ちや、友だちの関わりに、よう君もお母さんも安心を覚え、居心地のよさを感じてくれていたのだなということも伝わってきます。自分の分だけでなく「お母さんの分」も抱きついた姿の中に、よう君のお母さんへの優しさも感じます。そういう優しさを素直に表現できる関係がそこにありました。

3章

ものごとが前に進む時
──大人たちの関わり合い

「ゆうちゃんを大事にする」ということをめぐって

●主な登場人物
ゆうちゃん（五歳児クラス、八月生まれ、二歳から和光に入園）
典子さん（浅岡典子、五歳児担任、保育歴六年）
美幸さん（秋田美幸、五歳児担任、保育歴一九年）
幸枝さん（田中幸枝、、フリー保育士、保育歴三三年）
桂子さん（山口桂子、子育て支援センター担当、保育歴二八年）
秀さん（鈴木秀弘、副園長）
〈記録者〉鈴木秀弘、田中幸枝、浅岡典子

はじめに

子どもたちが自ら育とうとする力を信頼し、支える大人たち。「子どもを主人公にする」という考え方や大きな見通しは一致していたとしても、目の前のこの子のこの場面で、どのような支え方をしたらいいのかとなると、人によってその具体的な手立ては違います。その子理解や保育経験の差、人となりなどの違いがある以上、保育の場では絶えずあり得ることです。保育観の一致が保育方法（手立て）の一致に即つながらないということです。

問題は、主として関わるクラス担任がいたとしても、クラスを越えて大人たちみんなで子どもたち一人ひとりの育ちを支えていこうとした時には、そうした手立ての違いがあることを認めたうえで、その子の育ちにとって、また、関わる大人たちにとっても、よい方向でものごとが動き出すには、どうあったらいいのだろうかということです。

生まれた瞬間からその子の中に紡がれていく「育ちの物語」は、その子の今日を生きる喜びの源泉であり、明日に希望を託せる源泉であってほしいと私たちは願っています。子どもたちの育ちの物語は、その子をとりまく人・自然・モノ・文化……あらゆる関わりを通して紡がれていきます。その全体構造については本書姉妹編（子どもに学んだ和光の保育・希望編）を参照いただくとして、この章では一人の年長児（ゆうちゃん）に登場してもらい、大人たち（職員）との関わりに焦点を当てて「育ちの物語」の紡がれていく道程を考えてみました。

(1) 互いの違いを超えて、ものごとが前に進む時

九月のある日、私（鈴木秀弘）が子どもたちより少し遅れて、お昼ご飯を食べるために年長の部屋に行くと、ほとんどの子がご飯を食べ始めている中、ゆうちゃんはシートの上で立ちすくんでいました（この時期の年長児は、レジャー用の個人シートを持ってきて、好きな場所を自分で選んで食べてもいいことになっていた）。

ゆうちゃんは年長児の部屋のご飯やおかずの配膳台のすぐ近くにシートを敷いていましたが、その足元をよく見ると、おしっこの水溜りがありました。

いろいろな状況に対応するのが苦手

ちょっと小柄で髪の毛がくるくるして可愛いゆうちゃんは、二歳で入園してきました。当初からあまり口数は多くなく、困ったことがあると、固まって動けなくなってしまい、〝誰か助けて〟と訴えているように見えます。しかし、他の子が遊ぶ姿を目で追いながら、ニコッと笑みを浮かべているる姿もよく見るので、〝楽しそうだな〟〝やってみたいな〟という気持ちが心の中で働いているの

ではと思うのです。でも、だからといって、それで自分から動き出すというよりは、モジモジしながら誰かに声をかけられるのを待っているふうで、自分から友だちに話しかける姿は見たことがありません。

担任たちはこんなふうに葛藤していました。

私たちとしては、ゆうちゃんが自分で決めて行動することをたくさんさせてあげたいと思いながらも、待ってもいっこうに動き出さない彼女に対して、盛り立ててみたり、二択を提案して選択を促してみたりもしました。その時は「うん」と答えてくれて、遊びの中に入るのですが、それが本当にゆうちゃんの思いに寄り添えていたのかは分かりません。

また、クラスの集まりがもたれている最中などに「トイレに行きたい」という子もいますが、ゆうちゃんは何も言わずにモジモジしていることが多いようです。察知した担任が、「トイレ？ 行きたいなら行ってきていいよ」と声をかけると、ゆっくり動き出しトイレに向かいます。

普段の生活の中でも、時々こういう姿があるので、これはゆうちゃんのまじめさなのか、それとも、いろんな状況に対応するのが苦手なのか、だとするといろんな状況に対応できるようになるにはどうしてあげたらよいのか、担任も正直分からないというのが現状だったそうです。

立ちすくむゆうちゃんを巡って

そういうゆうちゃんがおしっこを漏らしてしまっていて、私はそれを見つけた時に「ハッ」としたのですが、すぐにそのゆうちゃんを近くで見つめる担任の典子さんの視線に気づきました。典子さんは食べ終わった子たちの床を雑巾がけしながらゆうちゃんを見守っていました。私は典子さんの眼差しに（何か思いがあるのだな）と思ったので、そのまま見守ることにしました。すると典子さんは私の視線に気づき、近づいてきて状況を説明してくれました。

典子さんは、これまでのゆうちゃんの姿から、お昼近くになるとトイレに行きたくなることも分かっていたので、「ゆう、トイレ？　行きたいなら行ってきていいからね。それとも、ご飯を食べるなら取りに行っておいで」とゆうちゃんの意志で選択できるように声をかけた後、食事の片づけをしながら、様子を見ていたが、いっこうに動かないゆうちゃんだったそうです。そこで、もう一度同じように声をかけたのです。それでも動かず、しばらくするとシートの上でおしっこをしてしまったのです。

だから、トイレに行けるキッカケはあったはずなのに、なぜおしっこをしてしまったのかが分からなかったのだそうです。

「ゆうちゃんは、どうにかしてほしいと思っているはずだから、すぐにきれいにしてあげたい気持ちはある。しかし、ずっとそのままでいるのはゆうちゃんにとって辛いはずだから、その気持ちをゆうちゃんから自分に言ってきてほしいので、今、じっと待っているのです」

とのことでした。

しかし、私の印象では、ゆうちゃんにすると言葉にできない訴えを、おしっこをすることでしか表現できなかったのではないかと思えるくらい切実な状態に見えたので、その状態からゆうちゃんが自分で動き出すということは、彼女の今の力としては無理なのではないか、と思えたのです。それでも担任の典子さんから、「今、ゆうちゃんと向き合いたい」という思いを聞いた時に、私はどうしてあげたらいいのだろう？　とすごく悩みつつ、いったんゆうちゃんと典子さんを見守ることにしました。

ところが、いっこうにゆうちゃんは動くことはなく、時間だけが経っていきました。そこに、幸枝さんがやってきました。その日は、年長も年中もクラス担任が一人ずつ研修や午後休みで帰ってしまう日だったので、助っ人に来てくれたのです。

幸枝さんはすぐにゆうちゃんのことに気づきました。典子さんは幸枝さんにも私にしたのと同じように説明をしましたが、幸枝さんとしても、ゆうちゃんにとってその状態は辛いだろうという印象を持ったようで、「典ちゃんの気持ちは分かるけど、今この状況で向き合うことではなくて、別の場面で向き合ってあげたほうがいいのではないか?」「おしっこが溜まっているところじゃなくていいんじゃない? おしっこの溜まったシートを片づけていい?」と言うと、典子さんも「そうですね」と頷いたので、幸枝さんはゆうちゃんにつきあい、典子さんは生活の流れのほうに行くことになりました。

私は少し遠巻きから二人のやりとりとゆうちゃんを見ていたのですが、そんな最中にゆうちゃんはもう一回その場でおしっこをしてしまいました。それを見ると、やっぱりゆうちゃんにとっては、「もうこれ以上どうしようもないから助けてくれ」のサインなのではないかと思えてきたので、二人に「今ゆうちゃんがもう一回おしっこしちゃったよ。もうこれ以上は無理かもね」と言葉をかけました。

典子さんの気持ちも分かる、幸枝さんの見解も分かる、どうしてあげたらいいのか? 最終的には典子さんに判断してほしいという思いもあったのですが、ゆうちゃんの今の状況を考えると、結局それも言い切れず、結果的には幸枝さんと典子さんがゆうちゃんへの関わりを交代することになったのです。

幸枝さんはゆうちゃんを拭いてあげて、トイレへ向かいながら、
幸枝「典ちゃんも美幸ちゃん（もう一人の担任）も、困ったらゆうからお話してくれたらうれしい

と思っているんじゃないかな？　ゆうのこといつも心配してくれているんだよね。今度お話してみたら？」

と言うと、

ゆう「うん」

と頷いていたのだそうです。その後、ゆうちゃんは着替えてホッとした様子で、ご飯を食べていました。

しかし、担任の典子さんの表情は曇っているように見えました。

その後、午睡中の休憩時間に典子さんが二階の情報室（事務室兼会議室、親の利用もあり）に上がってきたので、

秀弘「さっきはどうやって典ちゃんのことを支えてあげたらいいのか分からなかったんだ。典ちゃんはいったいゆうちゃんの何を支えたかったの？」

典子さんはさっき私に説明したようなことをより丁寧に語ってくれながら、彼女の目には涙が溜まっていました。

「だからといって何をしてあげたらいいのかも、どうしたらいいのかも分からないんです……」

と言いながら、保育に戻っていきました。

先輩と若手、それぞれの思い

実は、和光ではこの数年先輩職員が築いてきた保育を若手がどのように「受け継いで」いくのか、ということろを園全体の課題として抱えているのです。いわば、大人主導の「教え導く」保育から「子どもに学び、子どもとつくる、子どもが主体」の保育への転換を、長年かけて試行錯誤しながら理念と手立てを形にしてきた先輩職員たち。一方で、そうした過程を経ずに「できあがった和光の保育」の中に参加してきた若手職員たち。

ある子どもの育ちに向き合った時、先輩職員にすればそれまでの経験と学びから「ここは、こういうふうにしてみよう……」と即座に手立てが浮かびます。しかし、同じ場面でも若手は確信をもって手立てをとれるだけの経験は、それほどないのです。もちろん、先輩職員がその手立てをとろうとする背景には大切にしてきた保育観・子ども観があります。ところが、若手にすると「こうしたらいい、こうしなさい」と言われているように感じてしまうところがあるのです。自分の気づきとして納得して胸にストンと落ちないのでしょう（そんな若手たちの葛藤を前章で紹介しました）。もともと自分に自信がないというのも一因としてあるかもしれませんが、そういう中で、一人ひとりが自信を持てるようにするにはどうしたらいいのか？　子どもが育つことと並行して、職員自身が育つことも考えなければなりません。

私は副園長として職員同士の連携や意思疎通をコーディネートする役割もあるのですが、私自身が若手世代であり、そうした若手の葛藤に共感するところもありました。そこで、このゆうちゃんのエピソードをこの本で取り上げてみたいと、職員会議で提案し、先輩職員には、こうした若手の葛藤をもっと理解してもらえるとうれしい、というニュアンスの伝え方をしたのでした。

その会議を受けて、幸枝さんは自分の中に生じた〝もやもや〟を次のような文章（一部抜粋）にして届けてくれたのでした。

（前略）何日か前に、ゆうが困ったことがあったら自分から大人に声をかけると自分も前に進めるし、困ったら助けてくれる人が居ることで安心するとともに、コミュニケーションできるようになれたらと（思っている）担任たちの話も聞いていた。また、おしっこでズボンが濡れている時、くり返し何度もつきあっていることも聞いたり見たりして知っていた。その時、（私は）美幸さんに、担任の存在がゆうにとって頼れる人、安心できる人になっていくために、他の活動や経験から関わることもあるのでは、と会話した。私の中では積み重ねが自信になって一歩を踏み出すかも知れないが、今はまだその時期に達してないかも知れない。ゆうの育ちは彼女の状態を見ながら進むのがよいと、その時感じていた。

（その時の典ちゃんの話から）担任たちの、一歩踏み出してほしいと真剣に考えていることは分かったが、違う関わりを見つけようとすることで（美幸さんに話した）新しいゆうちゃんとのつながりを担任たちが見つけられるのではないかと思い、私は「でも、今じゃなくてもいいんじゃないの。他（場面）でも伝える場はあるんじゃない？（おしっこのたまったとこでなくてもいいんじゃないと思い）おしっこのシートは片付けていい？」と伝えた。その時典ちゃんは「そうですね」と答えてくれたが納得して答えたのではなかったかも知れない。

なかなか乗り切れないゆうに対して、何かしらのきっかけをつけたい気持ちは分かるが、彼女が保育園の思い出＝この状況を思い出すとしたら担任たちも絶対不本意だろうし、ゆうの心は？どうなんだろうと思った。その時、卒園児たちの話を思い出した。「ししゃもが大嫌いだったのに食べさせられた」「お昼寝しなくて怒られた」と。大人からするとそんなにその子が嫌な表現をしていなかったのに、子ども心にはストレスがあったんだと思ったことが頭をよぎったので、典ちゃんには申しわけなかったが、典ちゃんの思いはあるにしても、私はその状況を見て、いてもたってもいられない心境だった。また、向き合う人が変わることで、閉ざした心を開くきっかけになるかもしれないとも思い、役割を交替することを提案した。（後略）

一方で担任の典子さんはその日あったことを次のように振り返ります。

お母さんに話す

夕方、典子さんがもう一度私のところにやってきて、「秀さん聞いてください」と語り始めました。それは、今しがたお迎えに来たゆうちゃんのお母さんに、「今日あったことを全部話してみました」という報告でした。

夕方、ゆうちゃんのお母さんがお迎えに来たので、部屋の段差をつなぐ階段に二人で座り、「相談に乗ってもらってもいいですか？」と声をかけた。そして、今までの姿やゆうちゃんとの会話、そして今日の話などをし、「私はゆうちゃんにとてもひどいことをしてしまったのかもしれません。こういう経験がトラウマになってしまうかもしれないし、周りの子からもどういうふうに見られていたかと思うと、本当にゆうちゃんに申しわけないことをしてしまったかもしれない。だけど、正直にあの時に、なんでゆうちゃんが動けなくなってしまったのか分からないし、ゆうちゃんが何を考えているのか分かってあげられなくて悔しいです」と言い、「お家ではどんなことをしてますか？　どんなことが好きですか？　ゆうちゃんのことが知りたいんです」と聞きました。すると、お母さんは、ゆうちゃんがお家では絵を描いたり本を読んだりして過ごしていること、困ったことがあると泣いて表現することが多いことなどを教えてくれました。また「トイレとかはどうですか？」と聞くと、お家でも漏らしちゃう時もあるが、自分で脱いで着替えてから母のところに持ってくると教えてくれました。他にも、兄弟関係のことも話しました。その話の流れの中で、保育園では、「周りから見ていることが多いゆうちゃんだがやりたい気持ちが心の中にあるのだと思う」と話すと、お母さんから「あたしも朝もっと早く来れたらいいですよね」と言った後に、「夜も母がいないと寝れないのを分かっていながら待たせてしまっていることがあり、子どもたちのための私自身の時間の使い方を考えている」と教えてくれました。
そして話の最後に、「何より、ゆうのことを一緒に真剣に考えて悩んでくれる人が私以外にいてくれると思うと、とても励みになります」と言ってくれたんです！

ということでした。また、お昼の時、ゆうちゃんと向き合った時の心の中も語ってくれました。

あの時は、直前に「トイレに行きたいなら行ってもいいし、ご飯を取りに行くなら行ってもいいんだよ」と声をかけていた矢先だったので、〝なんで私に声をかけられていたのに、あえてシートの上でおしっこをしたのだろう？　おしっこをしたら大人が関わってくれると思っているのか？　そう思ってほしくないな〜。今すぐに声をかけたほうがいいのか？　イヤ、いつもすぐに声をかけているけど、何も変わらないじゃないか？　でもトイレのことに関しては、ナイーブなことだからな……。おしっこをしちゃって嫌だった気持ちはあるのかな？　もしそうなら、このままではゆうちゃん自身が嫌だよな。私はひどいことをしているな。どうしよう？　小学校に行って、おしっこをしてしまった時、ゆうちゃんはどうするのだろう？　その時も独りで嫌な気持ちはしてほしくない。でも、今なら嫌な気持ちを、私も一緒にしてあげられる。よし、この嫌な気持ちをゆうと一緒に受け止めよう。だから、ゆうちゃんが自分から言ってこなくても、絶対に最後までつきあって、最後には謝って自分の気持ちを伝えよう、拭いてあげながら「嫌だったね」を一緒にしよう……〟という気持ちでした。

そうやって、自分自身の中で迷いがあり、どうしようか考えている時に秀さんがご飯を食べに来て、その後幸枝さんが助っ人に来てくれました。

だから、秀さんに言われた時も、幸枝さんが助っ人に来てくれた時も、言われていることはよく分かるのだけど、自分で最後までつきあいたい気持ちのほうが大きくなってしまっていたので、今までの詳しい状況や自分の想いも思うように伝えられず、いつもなら助っ人に来てもらってありがたいと思うのに、この時は、自分がゆうちゃんとつきあえなかったことにもやもやしてしまったんです。

また、秀さんや幸枝さんの言葉からも、やっぱりゆうに対してひどいことをしているんだよな、と思い、そういうことをしてしまっている自分にももやもやしました。

そこで、みんながごろごろタイムで寝ころんでいる時に、ゆうちゃんと二人きりになって、「ゆうごめんね。ゆうがおしっこしたの分かってたのに助けてあげられなくて。でもね、ゆうに言ってきてほしかったんだ。典子はゆうのこと知りたいんだよ。でも言ってくれないと分からないんだよ……。でも本当にひどいことしてごめんね」と謝りました。それに対してゆうちゃんは「うん」と頷いてくれました。

それで私は、改めてゆうちゃんのことが知りたいと思いを強めました。お家ではトイレどうしてるのかな？　家族とはどうやってお話しているのかな？　ゆうの好きなことって何だろう？とお家での様子も気になったので、お母さんと話をしてみようと思ったのです。

聞きながら、私（鈴木秀弘）は胸にぐっとこみ上げるものを感じていました。「きっとゆうちゃんと、ゆうちゃんのお母さんと典子さんの関係の新たなスタートになったはずだよ！」と。そのことは典子さん自身も感じていたようです。これは、典子さんがゆうちゃんのことを本当に大事にしている気持ちの現れだし、何物にも代え難いものなのだと私は思います。

その後、ゆうちゃんってどんな子なのか？　という話題になっていくと、その中で、典子さんはこういうエピソードを話してくれました。

ゆうちゃんは友だちを求めているんだ⁉

ゆうちゃんがガチョウ当番の時、同じグループの二人がお休みで、ろんど君と二人きりでした。ガチョウ当番はガチョウ小屋の中の掃除とエサ作りをしています。やはり、当番の時も、大人に声をかけてもらうのを待っていることが多いゆうちゃんなので、自分で仕事を選んで動き出してほしいという思いから、私はできるだけゆうちゃんと目が合わない場所にいたいと考え、少し離れたところで落ち葉掃きをしながら様子を見ていました。

ろんど「ゆう、どっちやる？　中？　エサ？」

ゆう　「……」

ろんど「ゆう、どっちかきめて」

ゆうちゃんはろんど君に何度聞かれてもずっと黙っていました。そこで私は、このままでは先に進めないと思い、
典子「今日はお休みの子がいて、ゆうちゃんとろんど君しかいないから、ゆうちゃんもやってくれないと困っちゃうよ。どっちか決めてね」

とだけ声をかけ、また離れて落ち葉掃きを続けました。

ろんど「どっち？　中？　エサ？」

ゆう「……中」

ようやく言ってくれたゆうちゃんの言葉を受け、ろんど君は「じゃあオレ、エサやるね」と言い、エサ箱を洗い始めました。しかし、ゆうちゃんは「中」とは言ったもののまったく動こうとしません。

そこで、もう一度確かめたいと思い、ろんど君に「ゆうちゃんはどっちやるって？」と聞いてみると「中だって！」と教えてくれました。

しばらくしても動かないゆうちゃんに、
典子「ゆうは中って決めたんだよね？　昨日も中の掃除やってくれてたから、やることは分かるよね？　今日は二人しかいないからゆうの力が必要だよ！」

と声をかけると、頷くもののうかない表情をしています。

また少し離れて落ち葉掃きをしながら様子を見ていても、動かないゆうちゃん。一人でやるに

は、やることや順番がはっきり分かれば、動き出せるかもと思い、自分が持っていたメモ帳を出してゆうちゃんと話しながらやることを順番に書いていくことにしました。

「1、長靴を履いて、デッキブラシとバケツとちりとりを持ってくる」

「2、中に入ってうんちを集める」

「昨日やったようにやるのでいいんだよ。できるからやってみな」と声をかけて、また少し離れてみましたが、それでも動かないゆうちゃんでした。

そんなやりとりをしている間にろんど君はエサの用意が終わり、ゆうちゃんがまだ中の掃除をやっていないのを見て、ゆうちゃんに何やら話しかけていました。しばらくすると、ろんど君とゆうちゃんは二人で長靴を履きに行き、デッキブラシを持って中の掃除をやり始めたのでした。私は驚いて、

典子　「ろんど君、ゆうちゃんやり始めたね。何て声かけたの？」

ろんど「いっしょにやる？　ってきいたら『うん』っていってたよ」と教えてくれました。

この時、ゆうちゃんは一緒にやってくれる友だちを求めているのだということを確信しました。やらなくてはいけないことも、仕事の内容もよく分かっているけれど、一人でやれる自信がない。一緒にやってくれる友だちがゆうちゃんには必要だったのだと思いました。

私たち担任は、ついつい動かないゆうちゃんに対してセカセカしてしまいます。ゆうちゃんが、大人に「どうした？」と声をかけてもらいたいのだろうなという気持ちも分かりますが、一方で大

人がいなくても自分でできるようになってほしい、大人とだけでなく友だちともつながってほしいという強い思いがあります。その思いが強すぎて、ゆうちゃんの気持ちが分からないままになってしまっていたのだということに気づきました。

ゆうちゃんも自分のできることとできないことが分かっていて、だから友だちとならできるということがあるのではないか？　だとすると、友だちと一緒にやる経験を積んでいくうちに、いつの間にかゆうちゃん自身の力もついてきたということだってあるのではないか。だから、できないところばかりに目を向けるのではなくて、ゆうちゃんが「どうしたいのか」というところにも目を向けて行ったらどうか？　そうしたら一歩前に進めるのではないか？　という見通しをもって、典子さんと私のその日の話が終わりました。

ゆうちゃんの思いにたどりつく

その後、この日のゆうちゃんのことについて担任同士でも話し合い、ゆうちゃんにも率直な担任二人の思いを伝え、話を聞く機会を作ってみようということになったそうです。

典子「ゆうが困っている時に典子や美幸さんはどうしたらいいかな？」

ゆう「……」

典子「ゆうのことが好きだからゆうのこと知りたいと思ってるんだ。でもゆうがお話してくれないと分からないんだよ。ゆうのこと見てると、大人や仲間に声をかけられるまで待ってるように見えるんだけど、ゆうは声をかけてほしいの？」
ゆう「声かけてほしい」
典子「そっか〜そうだよね。大人が声かけたほうがいい？　友だちがいい？」
ゆう「友だち」
典子「分かった！　じゃあ当番の時とかトイレの時とか全部次〜〜するよってゆうに言ったほうがいい？」
ゆう「ううん。じぶんでやりたい」
典子「自分でやりたい気持ちもあるんだね。ゆうが言ってくれたから分かったよ。みんなゆうのこと知りたいと思ってるから、ゆうの気持ち教えてね」

そのゆうちゃんの思いを受けて、ゆうちゃんはやっぱり周りの子と一緒にやりたいという気持ちが心の中にあり、どうにかしたいと思っているのだけど、どうしたらいいのか分からないで困っている。今までは、ゆうちゃんの固まっている姿に対して「どうにかする」手立てばかりを求めてしまっていたけど、今はゆうちゃんの「やりたい」という気持ちに寄り添い、それを実現するという経験をたくさん積ませてあげたい。そのためにどう介添えしてあげたらいいのか考えようということになったそうです。

ゆうちゃんが「自分は大事にされている」と感じているか

つい、その時その時の答えばかりを求めて「もっとこうすべきだった」という話になってしまうことがありますが、もしこの時もそういう話になって、担任の典子さんが「私はゆうちゃんに対してひどいことをした」と自分の対応を悲観して、自分の心の内で閉じてしまっていたら、一番苦しいのはゆうちゃんなのだと思います。

だから、涙ぐんで自分の保育を悲観する典子さんに対して私は、「あの時の対応はどうだったこうだった」という話ではなく、そういう〝もやもやを抱えながらもゆうちゃんを支えようとする典子さん〟をそのまま支えてあげたいという思いでした。

ゆうちゃんにとってはやっぱり毎日の自分の気持ちと向き合ってくれているのは典子さんで、その典子さんが、ゆうちゃんのことをどうにか理解したいという気持ちはゆうちゃんに届いているのだと思います。

ですから、ゆうちゃんはその時は幸枝さんに窮地を救ってもらえてホッとしたのは疑いようもないことなのだけど、典子さんの「言ってきてほしいと願っている」という気持ちも心の中で感じていたのではないかと思うのです。そう考えると、ゆうちゃんにとっても典子さんとの関わりはもやもやが残ってしまっていたのではないかと思うのです。

だから、典子さんにとっては苦しい時間だったかもしれませんが、分からないなりに、その思いを自分事で背負って過ごしたことが、その後の行動につながっていくのですから、とても意味のある時間だったのではないかと思うのです。

ゆうちゃんは、幸枝さんに助けてもらえたこと、典子さんからも、「さっきはごめんね」と声をかけてもらったことや、夕方にお母さんと典子さんが自分のことについて話してくれていることを、傍らで聞いていて、「お母さんも典子さんも幸枝さんも私のことを一生懸命に考えてくれていて『自分は大事にされている』」ということを感じたのではないかと思うのです。

一人ひとりの持ち味を大事にしたい

改めて、こうやって一つの出来事に関わる大人たちも、いろいろな個性や気持ちや視点や間柄が複雑に絡み合っているのだから、「こういう時はこうしたほうがよかった」というような結論には至れないのだと思います。

私から見て、職員みんなが、本当に丁寧に真摯に子どもたちと向き合おうとしている、というのが率直な思いです。それぞれがそれぞれの視点で子どもたちと向き合っていて、素敵だなと思うところを誰もがもっています。

だから私は、一人ひとりがありのままでいられたら、それでいい具合に調和していくのではないかと考えているのです。ただ、どこかで同じ思いでなければいけないとする見えない力が働いて、言った人はそんなつもりではないのだけど、「もっとこういうふうにしたほうがいいのではないか」

と言われたように受け取って、「そうせねばならないのか?」「自分のやり方ではいけないのか?」と落ち込んでしまう。そうやって、それぞれがせっかくもっている、持ち前の自分らしさを出しずらい関係になってしまうということがあり、悩んでしまいます。

そんな時に、今回の出来事があり、それを振り返っているうちに「誰ひとり欠けてはいけない」ということに気づいたのです。

ひとりも欠けてはいけない

典子さんはゆうちゃんに対して、大事にしてあげたい気持ちは本当に強くもっていたかもしれませんが、この時は〝願い〟が大きくなり混乱してしまっていました。しかし、私や幸枝さんの言葉でゆうちゃんの気持ちに引きもどされ、〝自分の願い〟が〝ゆうちゃんの願い〟を覆ってしまっていると気づき葛藤が深まったのです。

また、幸枝さんの関わりが、その時のゆうちゃんを救ったし、私の関わりも、その時は、何を支えてあげたらいいのか分からなかったのだけど、典子さんがゆうちゃんを大事にしようとする思いを、そのまま受け止めて聞いてあげられたことで、典子さんのその次の行動へとつながり、お母さんと話をすることになった。

お母さんに対しても典子さんは「ああするといい、こうするといい」というふうな言い方ではなく、純粋に「ゆうちゃんのことをもっと知りたい」と聞けたから、そういう態度が、お母さんの心を動かすところまでつながっていったのだと思うのです。後から聞いた話ですが、典子さん自身も、振り返ってみれば「あの時に幸枝さんに役割を交替してもらったお蔭で、一度ゆうちゃんと距離をとって客観的に考える時間が持てたので、〝ゆうちゃんのことを知りたい〟という思いを深めることができた」と言っていました。

だから、「あの時のあなたの対応は」というような単純な話ではないのだと思うのです。多分、物事が動くということはこうやって、一人ひとりの自分なりの関わりが、複雑に絡み合って動いていくことなのだと思います。ジグソーパズルのように誰もがかけがえのない大切な〝ワン・ピース〟なのです。

⑵ その子に関わる人の数だけ物語が紡がれる

なつきの優しさ

ゆうちゃんはその後、〝ゆうちゃんなりの参加〟の機会が増え、友だちからも自然に支えてもらう場面がみられるようになりました。

お弁当を持って散歩に出かけるためにリュックに荷物を詰めている時のこと、すでに支度が終

なつきちゃんの手助け

わったなつきちゃんが、ゆっくり支度をしているゆうちゃんに気づき、

なつき「ゆうちゃん（リュックの）ひもむすぼうか？」
ゆう「うん」（うれしそうにうなずく）
典子「お箸忘れている人がいそうだよ～」とみんなに声をかけると、
なつき「ゆうちゃんおはし入れた？」

ゆうちゃんはどうやらお箸を入れ忘れていたようで、「フフフ」と笑ってうれしそうにお箸を取りに行きます。その後、ゆうちゃんがお箸をリュックに入れて、なつきちゃんに紐を結んでもらうのですが、なつきちゃんは「最後は自分でやりな」と言ってゆうちゃんにリュックを手渡すと、ゆうちゃんがリュックの蓋を閉めるのです。実は、ゆうちゃんはリュックの紐結びは自分でできるのですが、なつきちゃんが気にかけてくれたのがうれしかったのでやってもらうことにしたのだと思います。なつきちゃんはゆうちゃんがゆっくり支度をしている様子を見て、手助けしたくなったのだと思います。「紐を結んであげたらゆうちゃんが助かるのでは？」と思ったのでしょう。しかし、全部自分がやってしまうのでなく、ゆうちゃんに役割を残して手渡す様子を見ると、ゆうちゃんのリュックだからゆうちゃんのやりたい気持ちにも寄り添いたいという優しさもうかがえます。

きっとなつきちゃんとゆうちゃんの関係が育ったからこそのことですが、この先に、ゆうちゃんが自分でリボン結びをしている姿となつきちゃんが出会ったら、今度はなつきちゃんはゆうちゃんに対して「リボン結びは自分でやって」と言う時が来るだろうし、ゆうちゃんもなつきちゃんとの信頼関係が深まれば、「リボン結びは自分でできるよ」と言う時が来るのではないかと思うのです。

典子さんに見せたい

浅岡典子

●ゆうちゃんの心の内から湧き出る気持ちに気づく

10月８日、運動会のための総合練習一日目のことです。

総合練習は、運動会本番同様に年長児が進行も担当して、お客さんや他の子どもたちに声が聞こえるようにマイクを使い練習をします。ゆうちゃんは自分の役割の言葉を「ぼじゃびの木に帰りましょう」とマイクに向かって言いました。（ゆうちゃんはりんごとりの担当です。競技が終わった子たちにベンチに帰るように促しました。すると、その声がしっかりマイクに拾われて、競技をやる子に届いたようで、ゆうちゃんの指示通りに動き出してくれたのです。ゆうちゃんはニヤッと微笑みました。自分の声がスピーカーを通して相手にも聞こえ、自分でも聞こえ、自分の言ったことが伝わった確かな実感がうれしさになり、ゆうちゃんの表情を緩めたのだと感じました。

運動会でおうえん組（年長）がやりたいこと、親やお客さんに見せたいことを自分たちで考えた中に縄跳があがりました。中にはまだ跳べない子もいましたが、一〇回跳べるようになることを目標に決めて、本番までできるだけ練習をしようということになりました。

今まで一回ずつ細切れにしか跳べなかったゆいと君でしたが、午後の時間ずっと庭で練習をしていたら、続けて跳べるようになったので、帰りの会で見せてくれることになりました。ゆいと君が跳びはじめると周りで見ている子が「1、2、3……」と一緒になって数えてくれます。そして、一〇回跳ぶと「わあー！！！　すごーい！」「ゆいととべたじゃん！」とゆいと君を囲み、周りの子も一緒になって喜びの歓声が上がりました。そんな中で、あさひちゃんが、その歓喜の輪からサッと抜け出し、自分の縄跳びを取りに行き、また輪の中にもう一度入り、ゆいと君の横に並び跳び始めたのです。跳び方はたどたどしいのですが、私は、この雰囲気があさひちゃんの心に響き、あさひちゃんもいてもたってもいられなくなったのだなと思うとうれしくなり、「1、2、3」と数えました。すると、それにつられて、周りにいた子どもたちも一緒に、あさひちゃんの縄跳びに合わせて数えてくれました。

そんな様子を輪の中でニコニコ見ているゆうちゃんに気づきました。するとその時、ゆうちゃんと目が合ったので、私は口パクで「やる？」と聞いてみると、ゆうちゃんはうなずいたのです。私は、まさかゆうちゃんがうなずくとは!! と驚きましたが、半信半疑で「持っておいで」と言ってみると、本当にゆうちゃんは縄跳びを取りにいき、自分からみんなの前に立ったのです。すると、なんと、初めて一〇回跳べたのです。これには私だけでなく、一緒に見ていた子たちも「すごーい!!」と、また一段と歓声が上がりました。

その後、帰りの会を終えて、おやつを食べながら、私は「ゆうちゃん跳べて（自分で）びっくりしたでしょ？」と聞くと、「ううん」と答えたので私はまた驚きました。「え！ 跳べるって思ってた!?」と聞き直すと、「うん！」と力強くうなずいたのでした。

その後、私が、食べ終えたおやつを片づけ、掃除へ向かおうとしていると、庭に出たゆうちゃんが、部屋のほうを見ていることに気づきました。

典子「もしかしてやりたいことがあるの？」
ゆう「うん」
典子「なわとび？」
ゆう「うん」
典子「やりたいのなら持っておいでよ」
ゆう「うん」

ゆうちゃんは部屋に縄跳びを取りに向かったので、私はそれを見届けて掃除に向かいました。

●ゆうちゃんは気になる存在

山口桂子

　ゆうちゃんのことは担任をしたことはなかったのですが、気になる存在でした。それは彼女自身が園で誰かにおしゃべりをしている姿を見たことがなかったからです。

　私が遅番の当番で、夕方以降残る子どもたちを集めて担任と引き継ぎをする際、歌を歌ったり手遊びをするのですが、ゆうちゃんはいつも、はにかむようにニコニコ視線を外さず見ていてくれました。親しみをもってくれている手応えを感じ、ゆうちゃんと仲良くなりたくて、日ごろ出会う度に名前を呼んだり身体をつついて挨拶をしていました。その時のゆうちゃんの反応は、いつも、うつむき加減にも、はにかみニヤリと笑い返してくれていました。

　この日も、遅番の当番で外に出ると、ジャブジャブ池（縁側に隣接した夏場は水遊び場だが、この時は水は張ってなく、生活の場の一部になって出入りができる）の淵に座り、縄跳びを持ち、門のほうを見ているゆうちゃんを見つけました。その姿を見て私は、縄跳びが跳べるようになったのかな？　お迎えの時間ということもあり、それをお母さんに見せたくて待っているのかな？　と思い、声をかけました。

桂子「ゆうちゃん、もしかして跳べたの～？」

ゆう「うん」（はにかんだようにうなずく）
桂子「一回？」
ゆう「ううん」
桂子「もしかして二回？」
ゆう「ううん」（はにかみながらニヤリと笑う）
桂子「まさか三回じゃないでしょうねぇ？」
ゆう「ううん一〇回」
桂子「えぇ！　そんなに跳べたの？」
ゆう「うん」（満面の笑みを浮かべていた）

そんなやりとりをしていると、お母さんが迎えにやってきました。私は当番の引き継ぎに向かいました。

●内から湧いてくる思いを応援する

浅岡典子

次に私（浅岡典子）がゆうちゃんと出会ったのは、お母さんが迎えに来て二人で私のところへきてくれた時です。

私に何か言いたげな雰囲気は伝わってきましたが、なかなか言い出さないゆうちゃんでしたので、お母さんが「じゃあお母さん言うよ。典子さんに縄跳びを見てほしいんですって」と伝えてくれました。そして、ゆうちゃんは、また一〇回跳んで見せてくれたのでした。

夏の始まりの頃、何か物事をやる時に、できないところを周りに見られるのが嫌だとゆうちゃんが教えてくれたことがありました。

しかし、運動会に向かっていくゆうちゃんの心の中には、できる自分を見てほしいという気持ちが芽生えてきています。

あの頃のゆうちゃんからは想像ができませんが、今になって考えてみると、私たち大人はつい、その時々の答えや結果、変化の兆しばかりを求めてしまいたくなりますが、人間すぐに変わることなんて誰もできないのです。

いい気持ちを味わったり、自分に自信がついたり、その自信を基に、やりたい気持ちを実現するために自ら変わろうとしたり。ゆうちゃんも、担当の競技の役割を果たせていることや、自分の言葉が相手に届いたことが自信になり、さらに、友だちの応援や、雰囲気にも後押しされて、ゆうちゃん自身が「今ならできる！　やってみたい」と思えたのです。

そう考えると、その時々の場面での経験が、傍から見たら変化のないようなことに感じられたとしても、その子にとっては、どんな物事もその後につながっていくのです。だから、外から見える変化ばかりを求めて、大人のこうなってほしいという願いを押し付けるのではなく、ゆうちゃんの内から湧き出る「こうなりたい」思いを応援することが大事なのだということを教えてもらいました。

●一日は途切れていない

山口桂子

午後のこと（ゆうちゃんが友だちの前で一〇回跳べたこと）も、私と出会う前の典ちゃんとのやりとりも知らなかったので、この後ゆうちゃんは、お母さんに見せたいのだなと、てっきり思っていました。

ところが後で典ちゃんから話を聞くと、お母さんではなく、お母さんと一緒に「典ちゃんに見てほしい」と言いに行った、ということを聞いた時、私はちょっと肩すかしの思いでした。ゆうちゃんの思いをお母さんは代弁してくれたけど、お母さんはどういう気持ちだったのだろうとも思いました。

しかし、またまた後から、ゆうちゃんの心の内に、〃できることを見てほしい〃という気持ちが芽生えてきている、という典ちゃんの視点に触れて、改めて振り返ってみると、違ったゆうちゃんの気持ちが見えてきました。

ゆうちゃんにとって、あの日の典ちゃんは、縄跳びを〃やってみたい〃と湧いた思いを、自分の表情からくみとってくれて、できることをみんなの前で認めてくれましたし、おやつの時に自分の気持ちを確かめ認めてくれ、さらにその後部屋のほうに注ぐ視線から自分のやりたいことを、またまたくみとってくれた存在です。縄跳びを跳べた喜びは、典ちゃんとの関係の中で結ばれていたのです。

そう考えると、「典子さんに見てもらいたい」とお母さんに語ったゆうちゃんの言葉の中には、やはり跳べる自分を、〝お母さんに見せたい〟という思いがあり、その姿を、確実にお母さんに見てもらえる方法として、典ちゃんの応援を必要としたのかもしれないと思えてきました。

典ちゃんに見てもらいながらお母さんの前で一〇回跳ぶことは、ゆうちゃんのそんな一日の最後の仕上げになったのでは……。お母さんと典ちゃんと三人で味わえたその喜びが、間違いなくゆうちゃんを包み、ゆうちゃんの自信へとつながっていったのだと思います。

ゆうちゃんとそれぞれが出会い、物語が縒《よ》り合わさっていく

ゆうちゃんがどんな子か、ゆうちゃんが苦手なこと、得意なこと、性格や個性を大人たちが十分に共有し合うということも大事ですが、すべてを共有するということはなかなかできることではありません。しかし、それぞれの大人がゆうちゃんのことを大事に思い、ゆうちゃんの行動や表現の心の内には、どんな気持ちが込められているのだろうかと向き合うと、この出来事のように自然と

物語がつながっていくのです。

もちろん、職員会議などで子どもの物語を取り上げて、検討したり、自分の担任する子どもと分かり合えない時に、相談を持ちかけることもありますから、ゆうちゃんのことも時々話題にあがっていて、職員全体が共通して知っているゆうちゃん像はあります。でも大事なのは、実際に一人ひとりがゆうちゃんと出会うことです。その出会いから生まれた物語がそれぞれに紡がれていて、ある時一つの出来事でつながると、それをきっかけに縒り合わされ、これまでより太い物語になるのです。

典子さんとの関係に結ばれた自信が、桂子さんとの関わりでさらに太いものになり、典子さんの支えでお母さんにも見せることができてさらに物語が縒り合わされて太くなっていった……。

そういう物語を、確かに歩いているのはゆうちゃん自身です。周りに支えてもらいながらも、自分で歩んでいる実感が、次のゆうちゃんの心の内から湧いてくる意欲になることでしょう。

ゆうちゃんなりの表現に寄り添う

親子冬まつり（年長が演じる劇を観てもらう会。年中以下は生活や遊びの中での育ちの姿のスライドをクラスごとに編集して解説し、全園児の姿を0～四歳まで順に観てもらっている）におうえん組は「ザリガニのおおさままっかちん」を演じました。本番が近づいてきたころ、ゆうちゃんはお話の冒頭のナレーターを担当しました。言葉は覚えているように見えますが、もごもごとうつむき加減で言うので、なかなか聞き取れません。担任も、「お客さんに聞こえるような声で言おう」と、その都度、他の子と同じように声をかけていましたが、あまり言い過ぎて、ゆうちゃんのやる気を潰してしまわないように、今はゆうちゃんがお話の役の一員として、やれていることを大事にしてあげたいとも思っていたようです。その中で、ゆうちゃんの心の内から自信が湧いてくるようなきっかけを探していました。

おうえん組たちは、そんな大人の声かけや振る舞い、そしてこれまでの自分たちのゆうちゃんとの関わりからでしょう、ゆうちゃんが言い終わると、それを見計らってサッと次の場面に移るのでした。ゆうちゃんはそんな中で、ところどころ笑みを浮かべながら、楽しそうに演じています。

しかし、本番前の総合練習で、お客さんになって見てくれている年中さんの中から、「なんて言ってるか聞こえない」という声が上がりました。

総合練習が終わり、担任はゆうちゃんのところに行き、「ゆうちゃん、さっきお客さんが『聞こえない』って言ってたね。ゆうちゃんどうする?」と聞いてみたそうです。するとゆうちゃんは、「もっと大きい声で言う」と言ったそうです。

その日の午後、もう一度練習をすることになったので、私も見せてもらいましたが、冒頭のセリフを言うゆうちゃんの声が、はっきりと聞こえたのです。私も、それまではっきりと聞き取ることができていなかったのですが、その時は、本当にはっきりと、内容も分かり伝わってきました。見ている大人は思わず手を叩き、担任もゆうちゃんの顔を見て、深く頷き、舞台袖で待っている仲間たちの中からも、「やった！　ゆうの声聞こえた」「ゆうちゃんの声大きかったよ」と声が上がりました。ゆうちゃんも手応えがあったようで、ニコニコしながら舞台袖に帰っていきます。

そして本番、ゆうちゃんは始まる前から柔らかな表情をしています。客席には大勢のお家の方々が座っている中、劇が始まりました。冒頭のセリフが始まると、いったん「おぉ～」と子どもの堂々とする姿にざわめきが起きたのですが、ゆうちゃんが話し始めた途端に、なんと会場が静まり返り、身を乗り出してゆうちゃんのセリフを聞こうとしてくれている姿がありました。

保護者の方々も、それぞれがゆうちゃんと出会い、ゆうちゃんの日ごろの姿を知っているのです。ゆうちゃんは聞いてくれようとする眼差しや態度に見守られ、ゆうちゃんなりにお客さんに届くような声でセリフを言います。お客さんたちは、そのゆうちゃんの声を大事に大事に身を乗り出しながら「うんうん」と頷きながら受け止めてくれました。

子どもの表現を丁寧にくみとる

これは、ゆうちゃんだけに言えることではありません。子どもたち一人ひとりが発する言葉、しぐさ、表情を、見ている大人たちが一生懸命に受け止めてくれようとしています。その態度の中に、ゆうちゃんなりのセリフには身を乗り出させる間柄があり、他の子が面白いことをした時は、思いっきり笑い、真剣なところは引き込まれてくれるのです。

あなたのことを分かってあげたいという願いは強く持ちながらも、十分には分かってあげられない事実もあります。しかし、十分ではないからこそ、丁寧に向き合い、その都度間合いを調整しながら、かすかな変化の兆しを感じ取り、それをすくいとることが求められるのです。

子どもは心から湧き出る思いを行動に表し、その思いを分かってもらえる人と出会えることを願っています。分かってもらえてうれしい気持ちは、次なる表現への可能性となり、分かってもらえなければ、分かってもらおうと表現を変えるのです。そういう、子どもの表現を丁寧にくみとり受け止められる大人でいられるかどうか。大人にとっても、子どもと分かり合い響き合えた喜びが、新たな出会いを期待させてくれるものになり、そうやって関係が深まり合っていく中に、子どもの育ちがあるのだと思います。

4章

「ほんもの」という保育実践

和光の保育に触発されて考えたこと

森　眞理

はじめに――「ほんもの」に向けての葛藤の大切さ

＊葛藤との出会いと対話

本篇のサブタイトルは、「葛藤編」である。プロローグから3章まで臨場感溢れる和光保育園の保育実践を読み進めてきた読者は、アレルギー体質の年長児なおみちゃん、たたら製鉄発端者のるうく君とひかる君、昼ご飯事件のみなみちゃん、パンプキンケーキのゆいと君、枝騒動のよう君、年長おうえん組女児のゆうちゃんをはじめ和光保育園の子どもたち、そして秀弘さん、典子さん、幸枝さん、美幸さん、瑞季さんら保育者をはじめとする大人たちの生き生きとした姿と同時に葛藤する姿が脳裏に焼きついていることだろう。

事典で「葛藤」を紐解くと、

「個人の内面における欲求・動機のもつれや、個人間・集団間の争いの苦悩を表現することばである。心理学では、二つ、あるいはそれ以上の共存できない欲求（動機）が個人の内面に同時に存在していて、そのどちらを選択するかに困惑する緊張状態（心的葛藤）や、個人間・集団間の見解の対立、思想的対立などという緊張状態（社会的葛藤）の表現に用いている」（『日本大百科全書ニッポニカ』小学館、二〇〇一年）

と、示されている。

「子ども一人ひとりを知りたい、子ども一人ひとりと分かりあいたい、子どものために」と思い関わったけれど、果たして子どもの最善の利益を保障することだったのだろうかと心的な葛藤がある。仲間の保育者とスムーズに「あ・うん」の呼吸で保育したい、子どもにとっても保護者にとってもよき理解者としての保育者でありたい、しかしながら、子どもの思いや同僚の思いとのずれが生じて行きつ戻りつ、ある時には立ち往生する緊張的な社会的葛藤もある。そんな光景が本篇にはぎっしり詰まっている。和光保育園に限らず、現実の生活として保育の現場は葛藤に満ち溢れている。保育者は、子どもの思いや願いをできるだけかなえよう、子どもの権利を踏まえて子どもの最善の利益の保障を心して毎日の実践に取り組もう、という心持ちで生活しているであろう。しかしながら、現実は、バラ色の世界で全てよしとはならない。保育現場に従事している読者は本篇を読み、「そうそう」と、共感してくださっていることだろう。

葛藤は和光保育園や日本の保育現場の現実に終始せず、世界の乳幼児教育の現実でもある。急変する社会、世界の流れにあり、子どもの今と未来、市民の生活はどうあったらよいのかと調査・研究が遂行され討議が展開されている。世界の経済先進諸国三四か国（二〇一五年四月現在）が加盟しているＯＥＣＤ（経済協力開発機構）においても、近年乳幼児教育への関心が高く、乳幼児教育の在り方について指標を提示している。

たとえば質の向上に向けて、五つの提案（①目標と規制、②カリキュラムやスタンダードデザインと実施、③資格研修や職場環境、④家族と地域コミュニティの関与、⑤データ収集と研究、モニタリング）をしている（秋田喜代美『続保育のみらい〜園コンピテンスを高める』ひかりのくに、二〇一五年、OECD "Starting StrongIII" 2012）。こうした項目に留意して国として検討し歩んでいくことがよりよい乳幼児教育につながるという方略である。その一方、すでにこうした提案に対して、乳幼児期や乳幼児教育そのものについての討議を行っていないので問題を孕んでいる、と言う声を挙げている研究者もいる（Moss, P. "Transformative Change and Real Utopias in Early Childhood Education : A story of democracy, experimentation and potentialitiy." Routledge, NY, 2014.）。世界を概観しても、保育の現実は葛藤に満ち溢れている。

それでは、葛藤はあるものだからとそのままにしたり、ニヒリズムに走ったりすることしか手のうちどころがないのか。いやいや、それは子どもの最善の利益を保障する保育の営みではないことは自明である。イタリアのレッジョ・エミリア市の乳幼児教育の思想体系と実践展開の礎を表したローリス・マラグッツィはかつて、

「子どもと一緒にいることは、三分の一の確実性と三分の二の不確実性と新しさに働きかけることを私たちは知っています。三分の一の確実性は私たちを理解させ、理解しようと試みさせます。（中略）しかし、知らないことは、私たちを探索し続けさせる条件です」（C・エドワーズら編、佐藤学・森眞理・塚田美紀訳『子どもたちの100の言葉―レッジョ・エミリアの幼児教育』世織書房、二〇〇一年、一三五頁）

と述べた。マラグッツィの言葉は、彼自身が子どもと保護者と教師と行政関係者と地域住民と実際に触れ合い、幾度の葛藤を共有し歩んだ体験を有した者こそのものとして心に響くのである。さらに、マラグッツィは「子どもたちは、アイディアや示唆や問題や疑問や手がかりやふるまい方を提示することによって、私たちを援助することができます。子どもたちが私たちをより信頼して事実を見せれば見せるほど、それだけ子どもたちは私たちを援助しています」（前掲書、一三六～一三七頁、傍点は筆者）と述べたのである。

不確実性の中でとことん子どもを信じることが保育の根本であり、私はここに現場で生じる子ども、保育者をはじめ大人の葛藤をしっかりと受け止め認め合うことへの道しるべになることと同時に、もつれ絡んだ糸をほどく手がかりがあるととらえている。このプロセスを保育がほんものとなる糧としたいものである。

和光保育園の『葛藤編』で描き表されていることは、「葛藤があります、で終わることではない」というメッセージとして読みとれる。ましてや和光保育園の葛藤物語としての「読みもの」でもない。こんなことしたい↓したいけれども難しい↓実現が難しいことあるねえ、で終わっていないのである。子どもも大人も一緒にどうしたいか、どうやりたいか、どうしたら分かりあえるか等々、思い巡らし、考え、真剣に取り組み、試し、探究し、折り合いをつけ、次なる展開へとつなげていく中で勇気を出し合い励まし合い学び分かち合っている。人がひととして、子どもが子どもとしての「ほんもの」の生きざまがある。

＊「ほんもの」との出会いと対話

和光保育園の実践に触発されたことは、保育における「ほんもの」について整理し、編み直することを考える機会である。和光保育園の実践は、葛藤は「ほんもの」の保育の資源（根源）であり、道のりであることを物語っている。また同園の実践は、葛藤することから編み出され紡ぎだされる絶えることのない探究、知りたい、分かりたい、極めたい、今分からなくても明日へ、未来へと希望を持つこと、よりよく生きよう、よりよい保育園、地域、社会、世界を創造しよう、というよさへの活力源でもある。

政治学者のチャールズ・テイラーは、近年「人間をとりまく事物はもはや、人間の心と響き合うことをやめ、その深さも豊かさも失ったと言われてきました」（チャールズ・テイラー著、田中智彦訳『〈ほんもの〉という倫理』産業図書、二〇〇四年、八頁）と「生」が偏狭で平板になっていく事態を杞憂しつつ、こうした負の力を乗り越える（切り抜ける）根源として「ほんもの」への探究を提唱した。ほんものとは、人間が授かっている直観的な道徳感覚（何が正しくて何が間違っているか）を出発点にして、個人の内なる声を聴き合い、よりよく生きることへと歩むことである。ほんものとは、ゆえに自分に誠実に生きることであり、他者（身の周りのモノに対するケアや審美性への思慮も含めて）に誠実に生きようとすることであり、そこには対話的関係性を大切にすることがあり、こうした実践が理想を理想で終わらせないよい社会の創造につながる、ということをテイラーは述べているのである。

和光保育園における保育実践から触発されたことは、「ほんもの」について考えることである。

どのように子どもと共に生きるか、現場で大切にすることについて投げかけと励ましと勇気をいただいた。本章では、和光保育園の実践との対話を通して、四つの視座から保育に大切にしていきたいことを表す試みとする。子どもも大人も一人の社会構成員、すなわち市民として、最善である生き方を探究することへとつながれば幸いである。

1. 子ども（乳幼児）再訪

本篇を読み進めていく中で、私たち読者はさまざまな姿の子どもに出会う。そうしたことから、改めて投げかけられたのが「子どもとは一体何者か？」という問いである。ほんものの子どもに出会っているのだろうか、向き合っているのだろうか、こちらに聞こえる音として発している声だけではなく、子どもの内なる声に聴き入っているだろうか、と。

一般的には、子どもと聞くと、可愛くてあどけなくて元気で素直で明るくて純粋で愛らしい、または、弱くて未熟で非合理的であり自己中心的で利己的という、どちらかのイメージで描かれることが多い。一方は情緒的観点からのとらえ方であり、他方は心理（認知）的観点からのとらえ方とも言えるであろう。日本の幼児教育の礎を築いた倉橋惣三がしばしば情緒主義（ロマン主義）として批判されるのも、子どものありのままを受け止めてさながらの生活をするとした子どもの心もちに傾倒しすぎであり、子どもが表現することの意味を軽視していると読み取れるから、と佐伯胖氏は論じている。また佐伯氏は、その一方で認知的な子どもの姿をとらえ子ども礼賛傾向にある「児童中心主義」に疑問を投げかけ、心理学者であり「保育問題研究所」を設立した城戸幡太郎が、子どもは「自己中心的・利己的・闘争的」として認知的な発達観から子どもをとらえ、「社会中心主義」「集団主義」的な保育を推奨したことに対しても「子どもに寄り添う」保育観が欠けているのではないか、と述べている（佐伯胖『幼児教育へのいざない　円熟した保育者になるために』東京大学出版会、二〇一四年）。

どちらかのイメージに依拠するのではなく、ほんものの子どもとは、あどけなさもあり弱くもあり力強さもあること、すなわち、矛盾に満ちているという真実を、本篇から改めてしっかりと受け止めることの大切さについて熟考する機会がもたらされた。矛盾にある真実に真摯に向き合おうとすると、子どもという人間がいかにドロドロして不可解な存在であるかということを保育者はじめ大人は突きつけられる。ほんものの子どもに出会った保育者は、これまでの子どものイメージや枠組みに落とし込められずにもやもやする。また、同僚とも子どものとらえ方が異なり、関わりのあり方に唯一の正解はないと悟るが、それでも私のしたことはよかったのかと葛藤する。

特に、3章のゆうちゃんとの出会いは、ほんものの子どもについて考える機会であった。3章の主題は、保育者の同僚性についてである。そこには保育者（特に典子さんと幸枝さん）のゆうちゃん（子ども）理解のあり方の相違による葛藤が描かれている。そうした中でゆうちゃんから発せられるメッセージは、「子どもをしっかり見て聴いて待って関わって一緒に歩んで」というお願いと「子どもは生活の中でまわりの人が嬉しくなるように面白くなるようにと貢献しているよ」という発信、すなわち、子どもについてもう一度きちんと考えてね、という大人への意見表明であり励ましとして読み取れるのである。可愛いゆうちゃん、動かなくて固まってしまうゆうちゃん、友だちを求めているゆうちゃん、柔らかな表情のゆうちゃん、力強いゆうちゃん、担当の競技の役割を果たしたゆうちゃん、自信あふれるナレーターのゆうちゃん、ニコニコのゆうちゃん等、さまざまな姿のゆうちゃんから教えられるのは、子どもはあらゆることに対して感じ考えて生きている、という事実である。過大評価するのでもなく過小評価するのでもなく、ほんものの子ども、ほんものの人間として子ども時代を生きぬくことを保障するのが、保育者、大人の役割である。

本篇の和光保育園の子どもとの出会いを通して、ほんものの子どもとの出会いを再訪する時となった。葛藤が希望となることは、ほんものの子どもの復権に他ならない。明日はもっと面白そうなことがあるぞ、という探究生活の創造のためにはどうしたらよいか、と尽力する和光保育園の保育者の子どものとらえ方（子ども観）は、「子どものことは子どもに聴くことから」「子どもがよりよい社会を創造する教え手である」とするイタリアのレッジョ・エミリア市と共鳴するのである。レッジョ・エミリア市の幼児教育の子ども観、「子どもは主人公であり、可能性に溢れ有能であり、研究者であり市民である」（森眞理『レッジョ・エミリアからのおくりもの～子どもが真ん中にある乳幼児教育』フレーベル館、二〇一三年）は、まさに和光保育園が大切にしていることでもある。

子どもを子どもとして受け止めつつ、一人の人格ある人間として受け止めること、ここに子どもに真摯に出会い対話し関わるという保育がほんものとなる源があると思われるのである。

和光保育園がわこう村「子ミュニティ」としてあるのは、子ども礼賛という児童中心主義に傾倒するのでもなく、教えてあげなくてはという教授主義に傾倒するのでもなく、子ども一人ひとりが、本気で生きぬくよさを保障し、他者と共有することである。

2.「私」と「みんな」の関係性

子どもが子どもとして生きること、そして、一人のかけがえのない人として保育の場で生活することを保障するのは、保育者として当然のことと受け止められるであろう。日本における幼児教育・保育で大切なことは？　と聞かれたら、おそらく保育に従事している人からは、「一人ひとりのよさを生かし、それに応じた保育をすることです」という言葉が聞かれることだろう。自明となっている「一人ひとり」。「一人ひとり」の尊重は、すでに一九八七年の臨教審の答申に「個性重視」と提示され、多様化する社会・世界にあって子ども一人ひとりの能力、興味、関心に即して行うことが学校教育において大切ということが打ち出されていた。

しかし、「個を重視することは自己中心的な人間を育てる」「子どもの言うことを聞いていたらどうなるか分からない」といった子ども不信傾向、または「他人と違うことはよくない」「みんなで一緒に」といった画一性傾向が根強くあり、こうした傾向は初等中等学校教育のみならず、保育の場にもみられる現実がある。

保育現場に目を向けると、多くの場合、保育の場で大切とされるのが「集団生活」である。「集団生活により子どもが互いに影響しあい成長します」「集団行動を通して社会規範を身につけます」という文言を保育関係の月刊誌や家庭向けのホームページに見つけることは容易であるし、私自身新米幼稚園教諭であった時、疑いもせずこうした言葉を保護者に発していたことが思い出され、何とも胸が痛む思いになる。集団生活に支障をきたす子どもは「気になる子」として「レッテル」を貼られて研修会等の格好の対象児とされる。その一方、特に目立たない子どもはレッテルもなく、仲間として「みんな」の中に埋没する。

正直なところ、本篇の中でも「みんな」という表現があり「集団」推進派にとっては「みんなで一緒に」を和光保育園は推進している、と読み込みそうな傾向が無きにしもあらず、と言える。ついつい使いたくなる「みんな」。しかし、ほんものの保育を探究しようと葛藤している和光保育園の保育者は、一人ひとりの子どもと丁寧に向き合い付き合い生活する中で、「私（個）」と「みんな（集団）」は切り離すことではなく、しかも「みんな」ありきで「私」があるのではないことを子どもから気づかされ教えられるのである。

「私たちは、ついつい、大きな流ればかりを意識して、〝みんな〟を見ようとしてしまいます。しかし、大事なのは、一人ひとりが何と出会い、何を感じ、何を蓄えているかです。それが周りから受け入れられ、つながると、喜びが響き合い、仲間の一員なのだと自覚的に感じることができるのだと思うのです」（本書、六二頁）

2章（5）に登場するたいち君の「モメ帳」体験物語は、たいち君という個人が「私」として生きることをよしとしつつ、周りの子どもが「たいち君にとって最善のことは何か」と関わりながら、「みんな」が創造されたプロセスが描かれている。前出したテイラーは、「人間の生の一般的特徴として引き合いに出したいのは、人間の生が元来、対話的な性質のものだということです」（前掲書、四五頁）と、対話と関係性によって、個人が私は何者か、というほんもののアイデンティが形成されることを論じている。すなわち、「私」の生成は「ひとり」の中によるものではなく、かつ「みんな」の中にはじめからあるものではなく、対話によるものであること、このことがほんものの私とみんなづくりへとつながっていくことをたいち君と仲間の対話から、和光保育園の保育者も私も読者も学ぶ機会となったことであろう。

ほんものの私とみんなの関係性は、「私」と「みんな」が切り離されるものではなく「私」と「私」が出会い対話し、それぞれの「私」が形成され、そこで「みんな」と共存することである。ほんものの「私」をほんものの「みんな」につなげていくためには、そこには対話による「聴き入る」ことが求められているのである。

3．「聴き入る」ことからの保育

昨今、保育教育分野に限らず、医療やビジネス分野においても重要なこととして取り沙汰されるのが、コミュニケーションである。少し下火になってきたものの「コミュニケーション力をつけよう」というセミナーが一時期大流行りであった。こうしたプログラムで取り上げられるのが、人前で話すプレゼンテーションや相手に伝わるように話す会話力といった他者への発信力を高めることである。子どもについても、「人前で元気よく話せるように」「自分の気持ちを相手に伝えられるように」といったことを耳にする。

しかし、ほんものの学びとなるコミュニケーションは聴き合うこと、と佐藤学氏は述べている。ここで対象としているのは小学校からの学び合いのありかたではあるが、保育に、そして何よりも和光保育園の実践と相通ずることであるので、少し長いが引用することにする。

聴き合う関係は、対話的コミュニケーションを準備し、学び合う関係を生み出すだけではない…中略…聴き合う関係は教室にケアの関係を生み出す基礎となる。分からない時「ねえ、これどうするの？」と訊き合える教室、他者の声に耳をすまし、一人残らず尊重される教室は、聴き合う関係によって準備される。…中略…聴き合う関係は民主主義の共同体を準備する。民主主義とは「多様な人々が共に生きる方法（a way of associated living）（デューイ）である。デューイは「耳は参加を準備する」民主主義は、目や口によって準備されるのではなく、耳によって準備されると主張していた。一人残らず主人公となる民主主義の共同体を建設するためには、「聴き合う関係」をあらゆるコミュニケーションの基礎にしなければならない。（佐藤学『専門家として教師を育てる　教師教育改革のグランドデザイン』岩波書店、一〇五～一〇六頁）

聴き合える関係性があってこそ、響き合い学び合い、協同の探究が生まれ、そうした教室やグループこそが学び合いが豊かに創造される教室でありグループである、と佐藤氏は論じている。

また、佐伯胖氏もレッジョ・エミリア市の幼児教育の要となっていることが「聴き入ることの教育」（注："Pedagogy of listening"を直訳すると「聴く教育」であるが、佐伯胖氏は「聴き入る」と訳しており、それは、「子どもがモノ・ヒト・コトに注意をむけて、それらの意味すること―『それらはそもそもどういうことなのか』についての考えや、それらの願い―『どうでありたいのか、どうしたいのか』―について、さまざまな情景を思い巡らせつつじっくり『聴き入る』ことと、さらに、おとな（保育者、教師）が、一人ひとりの子どもが意味づけている考えや願いにじっくり『聴き入る』という二つの意味を持つ」（佐伯胖前掲書　二〇七頁）と説明している。本章ではこうした佐伯解釈を用いている）であり、このことは「教え込む教育」の対極であり、「知識を与えることだけは絶対しない」と明言している。

レッジョ・エミリアの幼児教育に詳しいロンドン大学のピーター・モス（Peter Moss）も、聴き入ることの教育の推進者である。モスは、「聴き入ることの教育は、聴くことが含む解釈のプロセスと同様に、違いや他者性、聴くことに対する開放性を強調するのです。（Moss, P. lecture draft. "Beyond Early Childhood Education and Care" at Early Childhood Education and Care conference. Stockholm, 2001. P.8　筆者訳）」と保育者から子どもに一方的に教え込むことが、子どもの発想を閉じたものにして子どもを矮小化させ弱くて教師に従順にさせ、自発的な学びの機会を奪うことにつながることであり、ケアの倫理に反することになると主張している。聴き入ることの教育は、子どもを尊重することであり、子どもが主体的に熟考し熟慮する学び手として周りのヒト、コト、モノとの対話を支えることであり、民主的な共同体を形成するプロセスであろう（注：なお「聴き入る教育学」については、加藤繁美著『記録を書く人、書けない人　楽しく書けて保育が変わるシナリオ型記録』（ひとなる書房、二〇一四年）、Clark, A., Kjorholt, A.T., & Moss, P. "BEYONG LISTENING Children's perspectives on early childhood services." UK：Policy Press, 2005年. も参照されたい）。

なぜ、ここで「聴き入ることの教育」を取り上げたのか、それは和光保育園の実践に他ならないからである。２章（２）の三歳児のみなみちゃんの物語が聴き入る保育がほんものの保育の源泉であることを表しているからである。お昼を食べずにうろうろとしているみなみちゃんの姿に、保育者純子さんは、どうしてよいのか分からないと葛藤し悲鳴を上げる。その時、聴き入る同僚の存在から、みなみちゃんに聴き入ることの大切さを気づかされる。改めて、みなみちゃんの「かたづけたんだよ」という言葉に気づき、自分が気持ちを受け止めていなかったことを振り返り、みなみちゃんの元へ。そのあとは、読者もすでにご存じのとおり一件落着。たんなるハッピーエンドの物語でないことは明確である。「かたづけたんだよ」というみなみちゃんのつぶやきに耳も心も傾けた保育者、ここから学び合いが育まれたのである。聴くということは決して受動的なことではなく能動的であり、ケアし合う関係性を築くほんものの学び合い、保育実践へとつながる生き方への姿勢であり表現である。

この聴き入ることから育まれた関係性は、本書姉妹本の『子どもに学んだ和光の保育・希望編』一二三頁で取り上げられていた平野朝久氏の一文を思い出させる。

「人間として善なるものへの信頼によって、その子ども自身が、やがて自分の持つ善きものに目覚め、その自らの善きものによって立ち直ったり、よりよく生き抜くことができるようになる」（平野朝久『はじめに子どもありき――教育実践の基本――』学芸図書、一九九四年、九頁）

同僚に聴き入り聴き合う関係性を、そして、子どもに聴き入り聴き合う関係性を形成していく姿は、やわらかい物腰があり、人の優しさに満ち溢れている生活であると同時に、人を尊重する美しさのある生活である。

4．美しさのある生活（保育）

美しさのある生活は、何か特別な指導をしたからそうなるということではなく、一見平々凡々な中で、保育者と子どもが一人ひとり、個人のよさを認め合いよりよい生活へと育む中から表出される。私は、ある春の日の和光保育園のお昼時、子どもと保育者の姿に美しさのある生活に出会う体験をした。和光保育園の昼の食事は、保育者が「さあ！」と声をかけてからとか、お昼の時間だから、と始まらない。そろそろ……といううゆるやかなリズムが園内のあちらこちらで奏でられるところから始まる。ごはん、みそ汁やおかずの匂いが、また「よし、このへんで遊びに一区切りしてお昼ごはんにしようか」という子どもと保育者の心持ちが昼ごはんの準備へと誘う。

五歳児すな組の保育室。ごはんのジャーとみそ汁の鍋が置かれ、その脇にお茶碗とお椀が並べられている。おかずは個別の皿に盛りつけられてテーブル上に並べられている。「きょうは、鶏のからあげだ！」「まめごはんだ！」という子どもたちの快活な声。そこには一人ひとりがごはんやみそ汁をよそったり、おかずを選ぶリズムが保障され、しかし、ノロノロではなく行っている。仲間はゆったりと自然に友だちの後ろに一列に並んでいく。必ず自分の順番が来る、自分のやりかたが保障されるという確信があるゆえに、ワサワサしたりイライラしたりする姿は見られず秩序がある。私は、思わず「美しい」と心の中で叫ばずにはいられなかった。平穏で、他者へ、また食事へのケアが見られる一場面であった。この場面にある美しさのある生活は、よく生きよう、生活をよりよくしていこうとするほんものへの探究、すなわちアートの根源性を思い起こし、さらにイタリアのレッジョ・エミリア市の乳幼児教育の実践と共鳴し合うこととして、私の心に響いたのである。

「近年、世界中から注目されている乳幼児教育実践は？」と北欧を始めとする欧州諸国をはじめ、北中南米、南アフリカ、中東、オーストラリアにニュージーランド、そしてシンガポール、中国、韓国等アジア諸国の保育関係者に聞いたら、おそらく多くの場合「イタリアのレッジョ・エミリア」という名があがるであろう。かつて「レッジョ詣」と揶揄されるほど、人口一七万人ほどの北イタリアの小都市に保育関係者が年間三千～四千人訪れた（今も）のであるから、「お詣り」とも称されてもおかしくないかもしれない。レッジョ・エミリアと言うだけで「ああ、芸術作品がすごいのでしょう」とか「アート（ここでは狭義の作品を指す）がウリでしょ」といった言葉で片付けられてしまう傾向がある。佐伯氏も述べているようにこれは大きな誤解である（前掲書、一九八頁）。一九九一年に米国の週刊誌『ニューズウィーク』でその名が広く知れ渡ってから、今なお廃れないのは、たんなるアート作品を作り上げる実践ではないからである。子どもをとことん真ん中に、子どもに聴き入り、分かち合い育ち合う社会づくりの実践である。そのプロセスにおいて、子どもが周りの人、モノ、コトとの出会い、関わって感じたことを考えたことを丁寧に表現するプロセスがアートなのである。住んでいる街の世界がよりよくあることを目指す生活がアート活動であり、絶え間ない美しさへの探究でもある。私が二〇一三年にレッジョ・エミリアの研修に参加した際、アトリエリスタのヴィア・ヴェッキさんが、美（美しさ）について以下のように語られた。

「美とは、お店のショーウィンドウのように眺めることを指すのではありません。お店のような感覚で周りのモノ、周りの人との深い関係を築くという意味です。…中略…物事、人との間のコミュニケーション、関係性、そしてそれらがどのようにつながっているのかということも意味します。そして、それはちゃんと整ったジェスチャー、動き、モノゴト、周りのものへの共感であるのです」（ヴェッキさんのレクチャーを通訳を介して筆者がまとめたもの。二〇一三年一一月一五日）

すなわち、美しさとは飾っておくものではなく、丁寧に生活に関係するあらゆることと出会い対話することであるとしているのである。ヴェッキさんは、さらに美に反することは周りにあることとの関係を失うことであり、それは倫理的な次元にきわめて近いことであり、美に反することは紛争や戦争につながりかねない、とも語られたのである。美しさを探究する者は、身のまわりの人、モノ、コトに丁寧さをもって関わることになる。それは平和をもたらすことである、と。レッジョ・エミリアのアートは、作品のためという狭義のアートではなく、生きることへの歓び、感謝、畏敬の念をさまざまなカタチで表現する生活そのものなのである。

和光保育園の「お昼どきの様子」、そして本篇で描かれている「わこう鉄研究所」に取り組んだ子どもたちと大人たちは、一人ひとりが身の周りの世界に聴き入り、分かち合い学び合う関係性を形成するプロセスにある美しさのある生活そのものである。丁寧にモノの性質に聴き、丁寧に子ども同士、子どもと保育者、保護者や地域の方や大野さんに聴き合う生活である。一人ひとりがよりよい生活へと貢献しようと知恵を使い、試行錯誤し考え抜くことから知識の構成者として学びぬいた実践である。表面的な美しさではなく、ほんものの美しさ。よりよい実践への創造は、美への探究でもある。

おわりに：葛藤はほんものの保育創造に向けた資源（活力）

和光保育園の実践から触発された「ほんもの」への探究は、翻ってみると「にせもの」とは何かを明らかにするという試みでもあるととらえられることにもなるだろう。『希望編』を執筆されている和光保育園園長の鈴木まひろ先生は、かつて全国私立保育園連盟、保育・子育て総合研究機構研究企画委員会発行のNEWSLETTER『保育・子育て総合研究機構だより』（二〇一四年六月、三一号）にて、

「これまでは、ややもすると、……子どもの内から湧き立ってくる力に関心を向けるよりも、『子どものため』を大義名分にして、大人が一方的に決めた価値観や理屈を立てて、外から操作して子どもを変えていく、あるいは思いどおりに子どもが動いてくれることに教育的な意義を見出してきたように思うのです。そして、それは、子どもの生きる力、育とうとしている力、学ぼうとしている力を信頼していないということが根っこにあり、不信感をもって子どもと向き合っている結果となっているのかもしれません。また、効率化／能率化／合理化に価値をおいて、子どもの想いを聴く余裕までなくしてしまっていることに、無自覚になっているのかもしれません」

と、省察しておられた。まさに「にせもの」に惑わされるなという願いであり、警鐘を鳴らしているメッセージとして読み取れる。

本章は、和光の保育から触発されたことを、「ほんものについて考えること」として、四つの視座からほんものについて考察する試みであった。和光保育園の子どもと大人の葛藤から表出されたことは、「にせもの」の視座で描くと、子どもは変えさせられる人でありお客さんであり、「私」は「みんな」に埋もれているのにもかかわらず、聴かずに動きなさいと後押しされ、他者と関わりなく他者を破壊していくことになる生活になってしまう。

ほんものへの生活、探究はたやすいことでないことは本書を読み進めてこられた読者は、痛感しておられるだろう。子どもの心音、見える言葉と見えにくい（ある時には見えない）言葉に聴き入ろうとすることは葛藤に満ち溢れている。しかし、和光保育園の実践は、葛藤がほんものへの糧であることを示唆し、保育は面白そう、子どもは面白いと明日への希望へと勇気づけ誘ってくれている。

さらに、ほんものの保育の心構えとして、和光保育園から読み取れるのは、子どももおとなも周りの人や事象に**「関心」**を持ち、発見や気づき、驚きに**「感心」**し、共に**「歓心」**するという生活である。私は、この三側面を保育を生き生きとする「三つのカンシン」ととらえている。好奇心と探究心を持ち、子ども一人ひとりが感じ思い巡らす確かさと不確かさと共に歩むことを保障すること、子どもの見える姿見えない姿にいつも関心のアンテナを張り巡らし、子どもの姿に感心し、共に歓心することを心がけて実践に従事していきたいものである。

和光保育園の保育者と子どもに触発されたほんものへの探究は、ここで幕を下ろすが、和光保育園が「特別」な園の実践として、ショーウィンドウに閉じ込め、眺めておしまいではなく、ほんものへと私たち一人ひとりの生きざまが子どもにためされている。生きること、今生きているか、と問うこと、こうしたことは、遥かなる地平線を描く源泉となるであろう。さらなる分かち合い、聴き合いの関係性を楽しみにして歩んでいきたいものである。

あとがき

空いっぱいに枝葉を繁らせた木が、太陽や風から枝葉を通して命を吸い込み、幹を通して根に運び、根は土の中をはり巡る。はり巡った根は土から命を吸い込み、幹を通して枝葉に送り、風の中へ返される。繁った葉は木陰をつくり、大地を守り、そこに息づく小さな命の居心地をつくる。そこに息づく生き物は、落葉を自分の身体に取り込み排出し、土を耕し肥やしていく。実った果実は鳥や虫によって運ばれて、また大地に芽吹く。

木は、自らの命を生かすために、たくさんの命と関わりを持ち、その命を生かし、その命に生かされて、自らの土壌を耕し肥やしていく。

本編で描かれた、物語に登場する一つひとつの命の輝きが、それぞれを生き、生かされている繋がりを改めて感じることができました。

どうしても、木の雄大さばかりに目を奪われて、「とうてい私は及ばない」とか、「どうやってあの大木に成れよう」と考えてしまう。しかし、木をつくっているものは、木自身でありながら命の繋がりであるように、一つひとつの命が輝かなければならないのです。

一つひとつの物語の中に生きる、それぞれの思いと向き合い、語らい、紡いできた本づくりでした。

本書を発行するにあたり、ひとなる書房の名古屋研一さん、安藝英里子さんには、このような機会を授けてくださり、心から感謝いたします。

また、わこうの本づくりチームに加わり、私たちの伴走者として励まし続けてくださった、森眞理先生、久保健太先生にも、心から感謝いたします。

感情をそのままに、身体や心に湧き立つ思いを表現してくれる子どもたち、子どもへの深い愛情を土台に、語らい分かち合いの保育を理解してくださるご家庭の方々、一人ひとりが情熱を持ち、〝命の響き合いの場〟に働く大人（職員）たち。それぞれが自らを生き、繋がりに生かされていることに、心から感謝します。ありがとうございます。これからも……

二〇一五年　五月

執筆者を代表して　鈴木秀弘

鈴木秀弘（すずき・ひでひろ）
社会福祉法人わこう村 和光保育園 副園長。
1982年生まれ。2006年より和光保育園勤務。7年間クラス担任を受け持ち、子どもや親や同僚に保育を学び、2013年副園長となる。5歳児とざん組担任時（2009年度）の「わこう鉄研究所」の保育実践（本書1章参照）にて、ソニー幼児教育支援プログラム最優秀園受賞。

森　眞理（もり・まり）
立教女学院短期大学幼児教育科 准教授。
1960年生まれ。コロンビア大学教育大学院（ティーチャーズ・カレッジ）教育学修士号（MA, MEd.）、教育学博士号（EdD.）取得。子ども理解を深める保育のあり方について、レッジョ・エミリア市の乳幼児教育、和光保育園園内研修やポート・フォリオの展開から探究。「和光保育園大バザール」大好き参加者でもある。著書に『レッジョ・エミリアからのおくりもの～子どもが真ん中にある乳幼児教育』（フレーベル館、2013年）『改訂保育原理』（編著、光生館、2009年）『保育者のマナー』（共著、チャイルド本社、2013年）等。

社会福祉法人わこう村 和光保育園
〒293-0042　千葉県富津市小久保2209番地
http://www.wakoh-mura.com/

装画／おのでらえいこ
装幀／やまだみちひろ
写真／和光保育園　安藝英里子（p.97、p.100）

子どもに学んだ和光の保育・葛藤編
響きあういのちの躍動

2015年6月30日　初版発行

著者　鈴木秀弘
　　　森　眞理
発行者　名古屋研一

発行所　㈱ひとなる書房
東京都文京区本郷2-17-13
広和レジデンス
TEL 03（3811）1372
FAX 03（3811）1383
Email：hitonaru@alles.or.jp